Teaching Guide

EASY ENGLISH

B

1.1

von Britta Landermann

Beratende Mitarbeit Astrid Hornoff

Monika Rycken

Easy English B1.1 *Teaching Guide* Handreichungen für den Unterricht mit Kopiervorlagen

Im Auftrag des Verlages erarbeitet von Britta Landermann

Beratende Mitarbeit   Astrid Hornoff, Leipzig
                                            Monika Rycken, Kleve

Redaktion   Lena Posingies

Redaktionelle Mitarbeit   Elise Nelson

Projektleitung   Andreas Goebel

Umschlaggestaltung   Sofarobotnik, Augsburg

Layout und technische Umsetzung   Sabine Theuring, Berlin

Illustration   Christian Bartz, Berlin

Zu den vorliegenden Handreichungen für den Unterricht sind auch erhältlich:
Kursbuch mit 2 CDs, Phrasebook und Video-DVD ISBN 978-3-06-520819-2
Kursleiterpaket: Kursbuch Kursleiterfassung mit 2 CDs, Phrasebook und Video-DVD ISBN 978-3-06-520820-8

Bildquellen: Cover: Getty Images: Wilfred Y Wong | **S. 121:** Fotolia: Cyril PAPOT | **S. 122:** Fotolia: DDRockstar | **S. 123:** Fotolia: dom 65 / katjonok20 / Mariusz Blach / spaxiax / Natika / slawek zelasko | **S. 125:** Fotolia: Marem / Marem / markus marb / markus marb / giadophoto / DrBest / Frank Wagner / fotohansel | **S. 129:** Fotolia: sutulastock / michaeljung / Jeanette Dietl / sinuswelle | **S. 131:** Fotolia: qingwa | **S. 133:** Fotolia: Farinoza | **S. 136:** Fotolia: Alexander Raths / shecke71 | **S. 138:** Fotolia: Pixelot | **S. 142:** Fotolia: A.Jedynak | **S. 144:** Fotolia: Sychugina Elena

www.cornelsen.de

Die Links zu externen Webseiten Dritter, die in diesem Lehrwerk angegeben sind, wurden vor Drucklegung sorgfältig auf ihre Aktualität geprüft. Der Verlag übernimmt keine Gewähr für die Aktualität und den Inhalt dieser Seiten oder solcher, die mit ihnen verlinkt sind.

1. Auflage, 1. Druck 2015

Druck: freiburger graphische betriebe

ISBN 978-3-06-520485-9

PEFC zertifiziert
Dieses Produkt stammt aus nachhaltig bewirtschafteten Wäldern und kontrollierten Quellen.
www.pefc.de
PEFC/04-31-2285

Einführung

Herzlich willkommen zu EASY ENGLISH!

Der *Teaching Guide* zu EASY ENGLISH begleitet Sie sicher durch Ihren Unterricht. Hier werden die Aufgaben in den Units Schritt für Schritt erläutert und durch wertvolle *teaching tips* ergänzt. Außerdem finden Sie Hinweise für eine effektive Unterrichtsplanung und für sicheres, erfolgreiches Unterrichten. Übungsvarianten und Erweiterungen sorgen für Abwechslung und ein Ideenpool mit zusätzlichen Übungen ergänzt das Kursbuchangebot.

Für zusätzliche Wiederholungen und landeskundliche Informationen eignen sich folgende Seiten:
SUMMARY (Zusammenfassung des Gelernten)
FACTS & FUN (Landeskunde und spielerische Aktivität)
EXTRA PRACTICE (Zusatzübungen)
MAGAZINE (Nützliches und Ungewöhnliches aus der englischsprachigen Welt)

Der *Teaching Guide* wird mit Anregungen zur Differenzierung sowie mit Ideen für den Einsatz der EASY ENGLISH Videos im Unterricht abgerundet. So steht EASY ENGLISH für *easy teaching* – mit Abwechslung und Spaß, Erfolg und Sicherheit – für Sie und Ihre Lernenden!

Wo finde ich was?

Am Anfang des *Teaching Guides* geben wir Ihnen einige *teaching tips* zur allgemeinen Unterrichtsgestaltung mit EASY ENGLISH.

Jede *Unit* beginnt mit einem Überblick über die Lernziele, die Grammatik und die Kopiervorlagen. Sollten Sie zusätzliches Material benötigen, finden Sie einen Hinweis unter „Materialien". Hier geben wir Ihnen auch Anregungen, welche Kopiervorlage in Verbindung mit der *Unit* besonders geeignet ist.

Selbstverständlich gibt Ihnen der *Teaching Guide* zu jeder Übung praktische Vorschläge und Tipps sowie Hinweise zur Einführung neuer Grammatik oder neuen Wortschatzes. Lösungen und Hintergrundinformationen sowie Verweise auf die *teaching tips* helfen Ihnen beim sicheren Unterrichten und runden Ihre Vorbereitungen ab. Vorschläge für Tafelbilder finden Sie in der Randspalte. Am Ende jeder *Unit* finden Sie Hinweise auf mögliche Hausaufgabenstellungen. Mit „Teilnehmer" sind immer männliche und weibliche Lernende gemeint.

Symbole

- Höraufgabe
- Hinweis auf geeignete Kopiervorlage (am Ende des *Teaching Guides*)
- Hinweis auf Gruppenarbeit
- Hinweis auf eine Partnerübung
- geschätzte Zeitangabe zur Übungsdauer (zur Erleichterung der Unterrichtsplanung)

Viel Spaß und Erfolg mit EASY ENGLISH wünscht Ihnen Ihr Cornelsen-Team!

Inhalt

Vorwissen nutzen	Das Aktivieren von schon Bekanntem hilft dabei, neue Informationen leichter zu integrieren.
	Teilnehmer, die mit *Easy Englisch* B1.1 arbeiten, besitzen sicherlich viele nützliche Vorkenntnisse. Bauen Sie auf diesen Kenntnissen auf, indem Sie Teilnehmer ermuntern, ihr Wissen in die Gruppe einzubringen. Fragen Sie nach Vokabular oder schon bekanntem landeskundlichen Wissen, das die Teilnehmer z. B. auf Reisen erlangt haben. Sie wertschätzen damit das Wissen der gesamten Gruppe.
Aktivieren von Wissen	Ermutigen Sie die Teilnehmer, Informationen von *Easy English* in ihre eigene Welt zu übertragen. Dies kann zum Beispiel durch eine gemeinsame Reiseplanung oder das Planen eines englischen Events geschehen. Stellen Sie dabei sicher, dass alle gemeinsam an den klar definierten Lernzielen arbeiten. Dabei helfen die Lernziele zu Beginn jeder Unit und am Anfang der Videoerläuterungen.
Zielsprache Englisch	Die Zielsprache Englisch steht hier deutlich im Vordergrund. Ziel ist es, so häufig wie möglich auch noch Unbekanntes schon in englischer Sprache zu umschreiben. Greifen Sie bei unbekanntem Vokabular lieber auf englische Umschreibungen statt auf eine Übersetzung zurück. Beziehen Sie auch hier das Vorwissen der Teilnehmer mit ein: Geben Sie den einzelnen Teilnehmern Zeit, sich bei Verständnisfragen gegenseitig auf Englisch zu unterstützen, bevor Sie selbst eine Hilfestellung anbieten.
Lesetexte	*Easy English* B1.1 bietet den Teilnehmern unterschiedliche Textsorten in variierender Länge an. Die Teilnehmer lesen Blog-Beiträge, Zeitungsartikel, Gedichte, Sachtexte und E-Mails. Im Vordergrund steht dabei das verstehende Lesen.
	Konfrontieren Sie die Teilnehmer nicht mit dem Vorlesen noch unbekannter Texte. Kennen Sie den „Das-muss-ich-nochmal-still-lesen-Effekt?" Dieser Effekt tritt ein, wenn Teilnehmer mit dem eigenen Vorlesen noch unbekannter Texte überfordert werden. Sachtexte oder auch E-Mails sind nicht unbedingt zum Vorlesen geschrieben. Laden Sie die Teilnehmer lieber ein, die Texte still zu lesen und Unbekanntes mit einem Nachbarn zu besprechen. Nutzen Sie die begleitenden Audios zum Mitlesen und Hören der korrekten Aussprache. Anschließend lassen sich die Texte zur Aussprachenschulung nutzen.
	Lesetexte animieren häufig auch zum eigenen Schreiben. Die vielfältigen und spannenden Themen der Lesetexte lassen sich gut für Schreibanlässe und Hausaufgaben verwenden, in denen die Teilnehmer eigene Erfahrungen schildern, z. B. indem sie Geschichten erfinden oder fortspinnen oder auch Briefe aus der Perspektive einer fiktiven Person schreiben.
Authentisches Video- und Audiomaterial	Hör- und Videomaterial vermitteln authentisches Englisch. Daher arbeitet *Easy English* mit unterschiedlichen Akzenten und Dialekten / Varianten der englischen Sprache. „Mitschnitte" aus Interviews oder Stadtführungen spiegeln authentisches Englisch der realen Welt wieder. Vermitteln Sie den Teilnehmern die unterschiedlichen Akzente in den Audio- und Videobeiträgen als Bereicherung. Dazu ist eine klare Aufgabenstellung, z. B. die Aufforderung, konkrete Fakten wie Jahreszahlen herauszufinden, nötig, die sicherstellt, dass die Teilnehmer das Gehörte und Gesehene mit einem Erfolg verbinden. Die Videoaufgaben im Kursbuch und die Tipps zur Verwendung der Videos im Unterricht im *Teaching Guide* unterstützen Sie dabei.

Magazine und Kaleidoscope	Ein neues Feature dieses *Easy English* Bandes sind die *Kaleidoscope*-Seiten, die sich an die *Magazines* anschließen. Wie die bunten Sichtfenster des Kaleidoskops werfen diese Seiten einen Blick auf die vielfältigen Facetten der englischsprachigen Welt. Sie kombinieren spannende landeskundliche Themen mit Wortschatzarbeit an Redewendungen und *false friends*. Das *Kaleidoscope* eignet sich zur Arbeit in der Gruppe und als Hausaufgabe.
Wortschatzarbeit	Ab dem B1-Niveau erweitert *Easy English* die Wortschatzarbeit in den Units mit den *Wordpower*-Aufgaben. Die *Wordpower*-Aufgaben üben gezielt Wortbildungen, die das Thema der jeweiligen Unit unterstützen und auch darüber hinaus von Bedeutung sind. Diese Wörter lassen sich besonders gut erlernen, wenn die Teilnehmer damit eigene Sätze bilden oder sie spielerisch erarbeiten, zum Beispiel in Word-Bingo-Spielen oder Kreuzworträtseln.
Partner- und Gruppenarbeit	Partner- und Gruppenarbeit sind ein wichtiges Element in *Easy English*, weil es den Teilnehmern ermöglicht, sich der Realität angenähert zu kommunizieren und von ihrem jeweiligen Wissen zu profitieren. Darüber hinaus ermöglicht die Arbeit in Gruppen eine Fehlerkorrektur von Teilnehmer zu Teilnehmer. Dabei gilt: Stehen das Kommunizieren und der Austausch im Vordergrund, bietet sich eine Gruppenarbeit an; bei hohem Anspruch an sprachliche Korrektheit eignet sich gegebenenfalls das Arbeiten mit der gesamten Gruppe besser. Wenn sich die Teilnehmer noch nicht kennen, nehmen Sie vorerst die Gruppeneinteilung vor. Achten Sie dabei darauf, dass sich die Teilnehmer gegenseitig unterstützen.
Take English home	Ermutigen Sie die Teilnehmer, Informationen und Lerninhalte von *Easy English* in ihre eigene Welt zu übertragen. Erfahrungsgemäß lässt sich am besten das lernen, was sich mit den eigenen Erfahrungen und der eigenen Lebenswelt verbinden lässt. Wenn es im Unterricht um eine Stadtführung, eine Tourismusbroschüre oder ein Gedicht geht, warum nicht eine eigene Stadtführung nachstellen oder einen eigenen Werbeprospekt entwerfen? Auch die Planung eines gemeinsamen Events oder einer Reise sind gute Aufhänger, um Gelerntes zu erproben und anzuwenden. Das Internet bietet hier viele Möglichkeiten. Diese Aufgaben eignen sich auch als Hausaufgaben. Stellen Sie dabei sicher, dass die Ergebnisse für alle gut sichtbar werden, z. B. per Beamer oder Flipchart-Blatt, um eine angemessene Wertung sicherzustellen.

Videomaterial	*Easy English* B1.1 wird von fünf Filmen mit einer Länge von je ca. 6–8 Minuten begleitet. Die Filme bieten u. a. authentische Straßenszenen und Sightseeing aus England und Irland.
Sicherheit	Jedes Video kann mit deutschen und englischen Untertiteln geschaut werden. Die Transkripte im Appendix des Buches ab Seite 145 bieten den Teilnehmern die zusätzliche Sicherheit, alles nachlesen zu können.
	Machen Sie deutlich, dass Nicht-Verstehen sowie Nach- und Rückfragen nützlich und gewünscht sind. Sollte es für einige Teilnehmer das erste Video sein, stellen Sie sicher, dass sie damit eine positive Erfahrung verbinden. Dazu können Sie anbieten, den Film zu Beginn mit Untertiteln zu schauen.
Authentizität	Die Videos von *Easy English* B1.1 bieten den Teilnehmern viele Möglichkeiten, authentisches Englisch kennenzulernen. Dazu werden Muttersprachler mit diversen Akzenten zu Wort kommen. Nutzen Sie die Interviews, Führungen und Gespräche, um die Teilnehmer für die ganze Bandbreite der englischsprachigen Welt zu interessieren. Dazu gehört auch, sich an unterschiedliche Akzente zu gewöhnen. Gehen Sie dazu bei lernschwächeren Lernern in einzelnen Videoabschnitten vor, um ihre Verstehensfertigkeit nicht zu überfordern. Viele Videos lassen sich auch von Stunde zu Stunde in Teilstücken schauen.
	Nutzen Sie auch die Authentizität im Bild: Beschreiben Sie Zeichen, Anzeigetafeln, Gebäude usw. und bitten Sie Teilnehmer mit Vorwissen, dieses in den Kurs einzubringen.
Verständnisfragen	Jeder Film wird im Buch ab Seite 130 von einer Videoaufgabe begleitet, die Sie im Unterricht, aber auch als Hausaufgabe verwenden können. Die Lösungen finden sich ab Seite 169 im Buch.
	Darüber hinaus stellen Background-Informationen in den einzelnen Videobeschreibungen sicher, dass nützliches Hintergrundwissen zu historischen Persönlichkeiten, Bauwerken oder Ereignissen aus den Videos zur Verfügung steht.
Vielfalt	Videos sind im Unterricht vielfältig einsetzbar und nutzbar. Jede Videobeschreibung erläutert detailliert und jedem Video angepasst unterschiedliche Einsatzmöglichkeiten im Unterricht. Darüber hinaus können Sie noch weitere Aktivitäten nutzen:

Rätselfragen

Stellen Sie vor dem ersten Schauen des Videos Rätselfragen, die leicht zu beantworten sind; dies können z. B. einfach Fragen nach der Anzahl von Personen auf einem Bild oder in einer Szene *(more or less than 10?)* sein. Fokussieren Sie damit die Aufmerksamkeit der Teilnehmer und stellen Sie ein Erfolgserlebnis her.

Forschen: *Writing activities*

Schreibaktivitäten kommen in großen Gruppen manchmal zu kurz. Geben Sie den Teilnehmern die Gelegenheit, über einzelne Aspekte des Videos nachzuforschen. Als Themen dazu eignen sich historische Persönlichkeiten oder auch landeskundliche Details. Sie ermuntern die Teilnehmer so, die Filme nochmals zu Hause zu schauen und damit das Vokabular zu wiederholen. In den Schreibaktivitäten wie z. B. in E-Mails aus dem Urlaub oder auch „Reiseführern" sammeln die Teilnehmer weiteren Wortschatz, den sie positiv mit der eigenen Arbeit verbinden. Das Vorstellen der Inhalte in der Gruppe sorgt für ein zusätzliches Erfolgserlebnis.

Bilder beschreiben

Halten Sie das Video an belebten Szenen an und bitten Sie die Teilnehmer zu beschreiben, was sie sehen. Auf diese Weise wiederholen Sie Vokabular aus dem Video selbst, aber auch schon vorhandenes grammatikalisches Wissen und landeskundliches Vorwissen.

Simulations

Bei Stadtführungen bieten sich Simulationen an. Stoppen Sie das Video an markanten Stellen und laden Sie die Teilnehmer ein, das Gesehene in einer eigenen Führung zu wiederholen.
Besichtigungstouren und touristische Themen sind ein guter Anlass, eine Führung auch für den eigenen Stadtteil oder eine städtische Sehenswürdigkeit zu planen!

Fill in the gaps

Das Transkript eignet sich auch zur Erstellung einer Lückentextübung. Auf diese Art und Weise können Sie neue Wörter, Zeitformen und funktionale Sprache vertiefen.

Gruppenübungen

Die interaktive Arbeit mit den Videos ist ein wichtiger Bestandteil der Videoübungen. Laden Sie die Teilnehmer dazu ein, z. B. einzelne inhaltlich zusammenhängende Abschnitte des Videos gemeinsam, beispielsweise in Gruppenarbeit, zusammenzufassen. Auch die Diskussionsfragen in den einzelnen Videoaufgaben ab Seite 130 lassen sich gut zuerst in Zweier- und Dreiergruppen besprechen, damit sich die Gruppen dann untereinander austauschen können.

Do you speak English?

Lernziele	• Sprachenlernen • Lernertypen und Lernstrategien • Englisch als Weltsprache • Meinungen ausdrücken, zustimmen, widersprechen
Grammatik	• Wiederholung der Zeiten: einfache Gegenwart, Verlaufsform der Gegenwart, einfache Vergangenheit, Present Perfect, *will & won't*
Materialien	• Aufgabe 07: Kopiervorlage 1.1, eine Kopie pro Teilnehmer • Aufgabe 09: Kopiervorlage 2.1, eine Kopie pro Teilnehmer

Picture

1. Sofern Sie diesen *Easy English* Band mit einer neuen Gruppe beginnen, stellen Sie sich vor: *Hello. My name's (Rita). Welcome to your English course. What's your name?*
2. Gehen Sie von einem Teilnehmer zum anderen und stellen Sie sich vor.
3. Fordern Sie die Teilnehmer auf, sich gegenseitig vorzustellen.
4. Zum Einstieg in die erste Unit schauen Sie sich mit den Teilnehmern die Fotos auf Seite 10 an und spekulieren Sie: *Do you think all these people speak English? Why do you think they want to learn English?* Brainstormen Sie Ideen in der Gruppe.

01   Warm up

1. Erläutern Sie, dass es in der folgenden Übung darum geht, Erfahrungen zum Sprachenlernen auszutauschen.
2. Lesen Sie die Anweisung in der Randspalte vor.
3. Lesen Sie die Frage-Sprechblasen vor und bitten Sie freiwillige Teilnehmer, die Antwortsprechblasen zu lesen. Klären Sie gegebenenfalls unbekannte Wörter.
4. Zusammen mit dem Sitznachbarn stellen sich die Teilnehmer die Fragen im Buch und beantworten sie ähnlich wie in den Sprechblasen, so dass die Inhalte auf sie zutreffen. Gehen Sie herum und helfen Sie wo nötig.

Erweiterung

5. Wenn Sie die Möglichkeit haben, bringen Sie eine Weltkarte mit. Bringen Sie diese an der Tafel oder an einer Pinnwand an. In wie vielen englischsprachigen Ländern waren die Teilnehmer schon? Markieren Sie diese.

02 Text

02

France ; Germany; Italy;
The Netherlands; Switzerland ;
The USA

1. Lesen Sie die Anweisung in der Randspalte vor. Übernehmen Sie die Länderliste aus der Randspalte an die Tafel.
2. Bitten Sie die Teilnehmer, die Bücher zu schließen. Erläutern Sie, dass sie einen Mitschnitt aus einer TV Sendung hören werden. Spielen Sie die CD einmal ab.
3. Fragen Sie danach, ob einige Teilnehmer vielleicht jetzt schon die Lösung zu der Frage in der Randspalte gefunden haben. Sammeln Sie mögliche Ergebnisse, vorerst ohne Bewertung.
4. Spielen Sie die CD ein zweites Mal ab. Die Teilnehmer können nun ganz nach Wunsch den Text mitlesen oder bei geschlossenen Büchern hören.
5. Fragen Sie die Teilnehmer erneut nach dem Ergebnis zu der Frage in der Randspalte. Unterstreichen Sie die dementsprechenden Länder in dem Tafelbild. Bitten Sie die Teilnehmer, die richtigen Lösungen zu nennen.

Lösung

Germany; Switzerland; the USA

6. Bitten Sie einen Teilnehmer, der die Lösung wusste, die Textpassage zu nennen, die die Lösung enthält. Fragen Sie dazu: *Where in the text did you find the answer?*
7. Geben Sie den Teilnehmern die Gelegenheit, nach noch unbekannten Wörtern zu fragen und klären Sie diese. Die folgenden Begriffe bereiten manchmal Schwierigkeiten in der Aussprache: *bilingual, trilingual foreign (language), stereotype, beard.* Übernehmen Sie diese Wörter gegebenenfalls an die Tafel und sprechen Sie sie nochmals laut vor.

03 Quick check

1. Lesen Sie die Anweisung in der Randspalte vor. Bitten Sie fünf Teilnehmer, die Sätze der Aufgabe laut vorzulesen. Unterstützen Sie bei der Aussprache und klären Sie unbekannte Wörter.
2. Geben Sie den Teilnehmern Zeit, diese Aufgabe jeder für sich selbst zu lösen. Beenden Sie die Bearbeitung, wenn Sie sehen, dass alle Teilnehmer signalisieren, dass alle Lücken gefüllt sind.
3. Bitten Sie nun freiwillige Teilnehmer, die Sätze 1–5 mit den dazugehörigen Lösungen vorzulesen. Sagen Sie dazu z. B. *Who would like to read their answer?* Geben Sie der Gruppe die Gelegenheit, die vorgelesenen Lösungen zu diskutieren, bevor Sie dies selbst tun.

Lösung

2 Third speaker; 3 Fourth speaker; 4 Sixth speaker; 5 Second speaker

Hinweis

– Im Britischen wird das Nomen *practice*, das Verb *practise* geschrieben. Im Amerikanischen Englisch können beiden Formen gleich aussehen. Weisen Sie gegebenenfalls auf die unterschiedliche Schreibweise hin und stellen Sie sicher, dass die Teilnehmer die zweite Silbe mit einem kurzen ‚i' richtig aussprechen.

04 Talk about the text

Phrases expressing opinions

1. Erläutern Sie, dass es in dieser Übung darum geht, die eigene Meinung zu Aussagen in dem Text in 02 zu äußern. Laden Sie die Teilnehmer ein, sich zur Vorbereitung den Text auf Seite 11 nochmals jeder für sich durchzulesen und dabei alle Phrasen im Text zu markieren, mit denen man eine Meinung ausdrücken kann.
2. Übernehmen Sie die Überschrift aus der Randspalte an die Tafel.
3. Jeder Teilnehmer trägt seine Lösung selbst in die Liste an der Tafel ein. Dort könnten zum Schluss folgende Ausdrücke stehen: *I agree.; I know what you mean.; Lucky you.; It's true that …; I think that…; I'm very glad I …; It is important for …; It's not because …; We don't need …; Isn't that a bit arrogant?; I don't think that at all …* Fragen Sie die Teilnehmer abschließend, ob sie noch weitere *phrases* kennen, die sie gerne hinzufügen möchten.
4. Bitten Sie die Teilnehmer nun, die Fragestellungen 1–5 in Übung 04 in Sitzreihenfolge vorzulesen. Klären Sie unbekannte Wörter.
5. Laden Sie die Teilnehmer ein, die Fragen mit Hilfe der Liste an der Tafel mit einem Partner zu diskutieren. Gehen Sie herum und unterstützen Sie wo nötig.
6. Beenden Sie die Diskussionsrunde, wenn Sie den Eindruck haben, dass sich das Redeaufkommen in der Gruppe reduziert.
7. Damit in einer großen Gruppe die Antwortrunde nicht zu ausgedehnt wird, geben Sie nun jeder Zweiergruppe die Möglichkeit, ein bis zwei Fragen zu beantworten und ihre Meinung den Anderen vorzustellen. Ermutigen Sie die anderen Teilnehmer, abzulehnen oder zuzustimmen.
8. Beenden Sie die Runde, wenn zu allen Fragen mindestens eine Meinung geäußert wurde.

Beispiellösung

1 His joke is about people whose first language is English, for example British or American people.; 2 The Dutch speak good English because they watch many films in English on TV.; 3 He calls the Swiss person lucky because he speaks four languages.; 4 No, I don't think so. I think he is right. / Yes, a little bit maybe. Not everybody speaks English and it's good to know another language when you travel to South America for example.; 5 I agree with… / I don't agree with …

05 LANGUAGE

▶ Grammatikseite 136

present simple:
past simple:
present perfect:
present progressive:
will-future:

1. Für Teilnehmer, die noch nicht mit *Easy English* vertraut sind, erläutern Sie, dass die *Language Boxes* ein Bestandteil der Units sind, in denen wichtige Sprachstrukturen erläutert werden. In der Randspalte befindet sich ein Verweis auf die ausführlichen Erläuterungen im Grammatikteil des Bandes.
2. Erläutern Sie, dass der Schwerpunkt dieser *Language Box* auf Fragen und Antworten in fünf Zeitformen liegt. Lesen Sie die Frage- und Antwortpaare nacheinander vor.
3. Laden Sie die Teilnehmer ein, den Namen der Zeitform neben das jeweilige Paar in der Box zu schreiben. Übernehmen Sie zum Abgleich das Bild aus der Randspalte an die Tafel.
4. Erinnern Sie daran, dass viele Zeitformen häufig mit Signalwörtern im Satz verwendet werden. Schreiben Sie dazu als Beispiel *every day* neben *present simple*.
5. Fordern Sie die Teilnehmer auf, die dementsprechenden Signalwörter in der *Language Box* zu suchen und in dem Tafelbild unterzubringen.

6. Das vervollständigte Tafelbild sieht so aus:

> present simple: everyday, often
> past simple: when I was younger
> present perfect: ever
> present progressive: at the moment
> will-future: in the future

7. Laden Sie die Teilnehmer ein, noch weitere Signalwörter zu brainstormen und in die Tabelle einzutragen.

06 Practice

1. Bitten Sie die Teilnehmer, die Anweisung in der Randspalte durchzulesen. Ein Teilnehmer liest den ersten Beispielsatz laut vor. Fragen Sie die Teilnehmer nach dem Signalwort im Satz *(at the moment)*. Verweisen Sie zur Verwendung der dementsprechenden Zeitform nochmals auf die *Language Box*.

2. Die Teilnehmer bearbeiten anschließend die Aufgabe jeder für sich. Weisen Sie darauf hin, dass in dieser Aufgabe wo möglich die Kurzform verwendet werden kann. Gehen Sie herum und unterstützen Sie.

3. Bitten Sie einen Teilnehmer, seine Lösung vorzulesen und dabei auch das Signalwort im Satz zu nennen. Bevor Sie korrigieren oder bestätigen, laden Sie die Gruppe ein, die Lösung zu diskutieren. Hierzu können wieder Meinungsäußerungen wie *I agree* oder *I think* eingesetzt werden.

4. Geben Sie abschließend die korrekte Lösung vor.

5. Der Teilnehmer, der zuletzt vorgelesen hat, gibt den Stab an einen beliebigen Nachfolger weiter. Laden Sie den Teilnehmer ein, dies zu tun, indem Sie z. B. sagen: *(Holger), who should read next/continue?*

Variante zu 2. Die Teilnehmer können ihre Ergebnisse auch erst mit einem Partner vergleichen.

Lösung *2 watches; 3 haven't learned; 4 won't be; 5 didn't understand; 6 don't often speak; 7 'm doing*

07 Practice

1. Lesen Sie die Anweisung in der Randspalte vor.

2. Weisen Sie darauf hin, dass die Antworten zu den Fragen schon einen wesentlichen Hinweis zur Bildung der Frageform geben.

3. In einer kleinen Gruppe mit weniger als acht Teilnehmern geben Sie den Teilnehmern Zeit, die Aufgabe jeder für sich zu bearbeiten. Gehen Sie herum und unterstützen Sie wo nötig.

4. Bitten Sie die Teilnehmer anschließend, die Bücher untereinander auszutauschen. Jeder Teilnehmer überprüft nun die Lösung seines Tauschpartners und entscheidet, ob er sie für richtig oder falsch hält.

5. Laden Sie die Teilnehmer ein, die Lösungen in Zweiergruppen zu diskutieren, wenn es unterschiedliche Lösungen gibt.

6. Die Teilnehmer lesen abschließend die korrekten Lösungen vor. Geben Sie den Teilnehmern Gelegenheit zur Korrektur und zu Nachfragen, bevor Sie dies selbst tun.

Lösung

2 What is the girl learning at the moment?; 3 Who has visited many countries?; 4 Which languages will be more important in the future?; 5 Where did the German woman learn English?

Hinweise

- Sollten Sie mit dieser Übung in eine neue Stunde einsteigen, empfiehlt es sich, insbesondere die Fragen in der *Language Box* von den Teilnehmern nochmals laut vorlesen zu lassen.
- Die Übung eignet sich auch als Hausaufgabe.

Erweiterung

1.1

7. Kopieren Sie die Kopiervorlage 1.1 für die Hälfte der Anzahl der Teilnehmer. Durchtrennen Sie die Blätter an der Perforationslinie.
8. Bitten Sie die Teilnehmer, sich mit ihren Stühlen im Raum zu verteilen und sich einem Partner gegenüberzusetzen. Verteilen Sie jeweils einen A- und einen B-Text an eine Zweiergruppe.
9. Erklären Sie den Teilnehmern, dass sie jeweils denselben Text erhalten haben, in diesen Texten jedoch unterschiedliche Informationen fehlen. Es ist nun Aufgabe der jeweiligen A/B-Paare, sich abwechselnd gegenseitig so zu befragen, dass die entsprechenden Lücken gefüllt werden.
10. Gehen Sie herum und unterstützen Sie wo nötig. Bei einer ungerade Teilnehmeranzahl bitten Sie einen Teilnehmer, als Helfer zur Verfügung zu stehen, der die Teilnehmer beim formulieren und in der Wortsuche unterstützt.
11. Beenden Sie das gegenseitige Fragenstellen, wenn Sie den Eindruck haben, dass alle Lücken gefüllt sind.
12. Spielen Sie abschließend eine Fragerunde mit ein oder zwei freiwilligen Zweiergruppen durch. Geben Sie den anderen Gruppen Zeit, die vorgestellten Lösungen zu kommentieren, bevor Sie dies selbst tun.

Lösung der Kopiervorlage

Text A: 1 Despina; 2 Greece; 3 Greek; 4 reception; 5 grandmother; 6 2 years
Text B: 1 Hotel Petit Palais; 2 2013; 3 find a good job; 4 6 months; 5 Christmas;
6 the USA

08 Now you

1. Erläutern Sie, dass es in dieser Aufgabe darum geht, die fünf Aussagen in den Sprechblasen zu diskutieren. Dabei hilft die *Useful Language Box*.
2. Bitten Sie die Teilnehmer, die Aussagen in den Sprechblasen durchzulesen. Klären Sie Verständnisfragen wenn nötig.
3. Laden Sie die Teilnehmer anschließend ein, die *phrases* in der *Language Box* in Sitzreihenfolge laut vorzulesen. Bitten Sie die Teilnehmer dabei, die Ausdrücke mit einem + für „ich stimme zu", mit einem - für „ich stimme nicht zu" und mit einem ? für „ich bin mir nicht sicher" zu versehen. Gibt es Ausdrücke, die man mit einem + und einem - versehen könnte?

Beispiellösung

+ I agree.; - I don't agree. / I think that's wrong. / I know what the person means, but … / That's true but …; ? I'm not sure what I think; +/- In my opinion … / If you ask me, …

4. Teilen Sie die Gruppe in fünf Teams auf und teilen Sie jedem Team eine Sprechblase zu. Der Fairness halber können Sie auch einfach die Zahlen 1–5 auf fünf Zettel schreiben, die die Gruppen dann nacheinander ziehen.
5. Geben Sie den Gruppen ca. fünf Minuten Zeit, ihre Frage zu diskutieren. Gehen Sie herum und unterstützen Sie.
6. Beenden Sie die erste Runde nach fünf Minuten und bitten Sie die Teams, ihre Zahlenzettel mit einem beliebigen anderen Team zu tauschen. Die Teams diskutieren nun die neu gezogene Frage. Verfahren Sie so ebenso mit einer dritten Frage.
7. Bitten Sie die Teams, in einer Abschlussrunde ihre Diskussionsergebnisse für die zuletzt gezogene Sprechblase zu präsentieren.

---

09 Top ten languages

Erweiterung

1.2

1. Bitten Sie einen freiwilligen Teilnehmer, die Anweisung in der Randspalte vorzulesen.
2. Übernehmen Sie das Vorlesen der in dem Kasten genannten Sprachen.
3. Fragen Sie die Gruppe: *What do you think about this list?* Geben Sie den Teilnehmern die Gelegenheit, die Liste untereinander zu diskutieren.
4. Fragen Sie danach: *What would a list for German speakers look like?*
5. Verteilen Sie jeweils eine Kopiervorlage 1.2 pro Teilnehmer.
6. Bitten Sie die Teilnehmer, das Quiz mit einem Partner zu lösen. Wenn Sie eine Gruppe haben, die gerne im Wettbewerb mit anderen arbeitet, schreiben Sie einen Preis aus für denjenigen, der das korrekte *mystery word* am schnellsten gefunden hat. Hierfür eignet sich am besten eine Süßigkeit, die dann im Kurs geteilt werden kann. Vielleicht haben Sie die Gelegenheit, von einem Türkischen oder Arabischen Markt etwas mitzubringen, so dass die Teilnehmer auch die Schriftzeichen bewundern können?
7. Geben Sie allen Teilnehmern die Gelegenheit, das Quiz in Ruhe zu Ende zu führen. Das schnellste Paar sollte lediglich anzeigen, dass es das Quiz gelöst hat. Brechen Sie die Tätigkeit der anderen Teilnehmer deswegen nicht ab.
8. Überprüfen Sie durch Vorlesen am Ende die Richtigkeit der Lösung, so dass alle Teilnehmer bei korrekter Schreibweise das *mystery word* lösen können.

Lösung der Kopiervorlage

1 Switzerland; 2 French; 3 Spanish; 4 German; 5 Chinese; 6 Arabic; 7 Japanese; 8 English
Mystery word: learning

Hinweis

– Der *British Council* ist eine 1934 gegründete britische gemeinnützige Einrichtung zur Förderung internationaler Beziehungen mit vielen Standorten weltweit. Der *British Council* unterstützt das Lernen der englischen Sprache und führt regelmäßig Studien und Forschungen durch. Für weitere Informationen siehe *www.britishcouncil.org*.

---

10 Wordpower

1. Lesen Sie den Text in der Randspalte vor.
2. Sammeln Sie mit den Teilnehmern weitere Länder, Nationalitäten und Sprachen durch Zuruf.
3. Übernehmen Sie die Überschriften aus der *Wordpower*-Tabelle an die Tafel. Die Teilnehmer tragen Ergänzungen dort selbst ein.

11   **How do people learn?**

1. Leiten Sie in das Thema ein, indem Sie z. B. fragen: *How did you lean new words at school? What is different now?* Sammeln sie erste Feedbacks.
2. Erläutern Sie, dass es in dieser Aufgabe in zwei Schritten darum geht, Lerntipps zu diskutieren. Lesen Sie dazu die Anweisung in der Randspalte vor. Beginnen Sie im ersten Schritt damit, dass Sie die Teilnehmer bitten, die Wörter im Kasten durchzulesen. Klären Sie Nachfragen wenn nötig.
3. Geben Sie den Teilnehmern Zeit, jeder für sich die Lücken zu füllen.
4. Laden Sie die Teilnehmer ein, ihre Ergebnisse mit einem Partner zu vergleichen.
5. Bitten Sie dann einen Teilnehmer, seine Lösung für Satz 2 vorzulesen. Korrigieren Sie wo nötig. Der Teilnehmer übergibt nun das Vorlesen an einen anderen Teilnehmer seiner Wahl.
6. Verfahren Sie so, bis alle Lösungen vorgelesen und die Lücken gefüllt sind.

Lösung

1 remember; 2 make; 3 see; 4 understand; 5 mime; 6 learn; 7 write down; 8 hear; 9 add

7. Lesen Sie die Anweisung unterhalb der Übung vor. Laden Sie die Teilnehmer ein, die Lerntipps in der Gruppe zu diskutieren.

12   **Listening**

03

1. Lesen Sie die Anweisungen in der Randspalte vor. Erläutern Sie, dass es sich bei dieser Aufgabe um eine Hörverständnisübung in zwei Teilen handelt. Im ersten Teil hören die Teilnehmer ein Gespräch zwischen zwei Teilnehmern eines Deutschkurses und beantworten die Frage in der Randspalte. Im zweiten Teil hören Sie das Gespräch nochmals und entscheiden dann, wer welche Aussage gemacht hat.
2. Lesen Sie die Fragestellung in der Randspalte erneut vor und bitten Sie die Teilnehmer, mögliche Antworten im ersten Teil der Aufgabe anzukreuzen. Spielen Sie anschließend die CD einmal ab.
3. Fragen Sie nach den Eindrücken der Teilnehmer. War es leicht oder schwer, dem Gespräch zu folgen? Hat jemand schon einige Kreuze gemacht?
4. Vergleichen Sie entweder die Ergebnisse oder spielen Sie, je nach Bedarf der Teilnehmer, die CD ein zweites Mal ab.
5. Bitten Sie freiwillige Teilnehmer, ihre Lösungen vorzustellen.

Lösung

Samira: for fun, for travel; Joe: for work, for travel

6. Bitten Sie nun einen freiwilligen Teilnehmer, die Anweisung zum zweiten Teil der Aufgabe vorzulesen. Geben Sie den Teilnehmern anschließend Zeit, die Aussagen 1–8 jeder für sich durchzulesen. Klären Sie Nachfragen sofern nötig.
7. Spielen Sie die CD erneut ab.
8. Die Teilnehmer lesen anschließend in Sitzreihenfolge ihre Lösungen vor. Korrigieren Sie wo nötig.

Lösung

1 Samira and Joe; 2 Joe; 3 Samira; 4 Samira; 5 Joe; 6 Joe; 7 Samira

Hinweis

– Im Transcript taucht der Ausdruck *every day* als Zeitangabe auf, wenn Joey sagt *I know it helps to practise every day*. In den Sätzen 2 und 3 im zweiten Teil der Übung kommt *every day* auch als Adjektiv zusammengeschrieben als *everyday* vor. Erläutern Sie, dass *every day* gleichbedeutend ist mit *each day*, während *everyday* dem Wort *common* oder *normal* entspricht. Sie können dazu diesen Satz als Beispiel an die Tafel übernehmen: *I try to learn English every day, but my everyday work makes this difficult.*

Transcript

S = Samira
J = Joe

03

S Frau Schmidt has given us a lot to do for next week. I never have much time for homework.

J Same here, I don't either. I know it helps to practise every day, but it's so difficult to find the time. I mean you don't have to learn all the new words, of course.

S Mm.

J Only those that are important to you. But I still have problems remembering things.

S Well, I don't worry too much, I'm in this course just for fun really. I mean I have a friend in Berlin, Anke's her name, but her English is so good, I don't really need to learn German.

J Lucky you. I need German at work. I have a new job and I'll soon have to speak German to customers from all over Germany, with all sorts of accents – on the phone.

S Well, I'll never have to make a business phone call in German. I just want to speak to people, you know, make small talk.

J Yeah, me, too. Just a bit anyway. And I need German for travel – so that I can order in a restaurant, buy a train ticket, or understand announcements .

S Yes, that's useful of course when I visit Anke. But I don't need grammar.

J Really? For me it's different. I think grammar is important. I want to get things right. I don't like making mistakes.

S If I can understand what the other person says, and they can understand me, that's enough for me.

J Doesn't it make you nervous when people speak fast, or unclearly?

S Not really, because you don't have to understand every word.

J True, but it still make me nervous. You know another reason why I think grammar is important is because in my new job I have to read and write emails. Without mistakes if possible.

S OK, but I don't really need to write much in English, but I like to read. And if you read a lot, that helps with everything else. In our book there are interesting texts about people and places.

J I know, but after a long day at the office, I'm often too tired to read. But I like watching the videos.

S Mm, I like them, too. You hear real German, and you see the real world, and learn interesting things. That's important for me, too. I want more than just practical German for everyday situations. And I also come to this class to have fun with the other students.

J Do you? Shall we go and get a coffee, Samira?

Do you speak English?

13 Round Up

1. Lesen Sie die Anweisung in der Randspalte und auch in der Übung laut vor. Laden Sie die Teilnehmer ein, einige Punkte aufzuschreiben, die sie beim Englischlernen wichtig, aber auch schwierig finden.
2. Erklären Sie, dass es nun darum geht, die notierten Punkte auszutauschen. Bitten Sie anschließend zwei freiwillige Teilnehmer, den Text in den Sprechblasen als Beispiel nacheinander vorzulesen.
3. Geben Sie den Teilnehmern auch Zeit, die *Useful Language Box* durchzulesen. Sie enthält *phrases*, die für die Partnerarbeit nützlich sein können.
4. Laden Sie die Teilnehmer anschließend ein, aufzustehen und sich einen Partner im Raum zu suchen, mit dem sie ihre Notizen diskutieren.

Ideenpool

▶▶ Aufgabe 13

1. Bilden Sie zwei Gruppen für die Punkte *Important* und *Difficult*. Die Teilnehmer sammeln ihre jeweiligen Gedanken in Gruppenarbeit.
2. Übernehmen Sie die beiden Kategorien derweil auf ein Flipchartblatt.
3. Bitten Sie die Gruppen abschließend, ihre Punkte auf dem Blatt zu notieren und zu begründen. Beginnen Sie mit der Gruppe *Difficult*. Ermutigen Sie die Teilnehmer der jeweils anderen Gruppe nachzufragen.
4. Nutzen Sie das Flipchart am Ende des Kurses zu einem Vorher-Nachher Vergleich.

Hausaufgaben

Extra Practice Reminder:

☐ p.＿＿＿＿　No. ＿＿＿＿ ＿＿＿＿ ＿＿＿＿

☐ p.＿＿＿＿　No. ＿＿＿＿ ＿＿＿＿ ＿＿＿＿

☐ p.＿＿＿＿　No. ＿＿＿＿ ＿＿＿＿ ＿＿＿＿

☐ ＿＿＿＿＿＿＿＿＿＿＿＿＿＿＿＿＿＿＿＿＿＿＿＿

☐ ＿＿＿＿＿＿＿＿＿＿＿＿＿＿＿＿＿＿＿＿＿＿＿＿

Fitness and health

Lernziele	• Ernährung, Fitness und Gesundheit • über Marathon laufen sprechen • über Diät sprechen
Grammatik	• Wiederholung von Verb + *to*-Infinitiv, Verb + *ing*-Form • *ing*-Form nach Verb/Adjektiv + Präposition • *ing*-Form nach allein stehender Präposition • Wiederholung von *much* und *many*
Materialien	• Aufgabe 02: Kopiervorlage 2.1, eine Kopie pro Teilnehmer • Aufgabe 08: Kopiervorlage 2.2, eine Kopie pro Teilnehmer

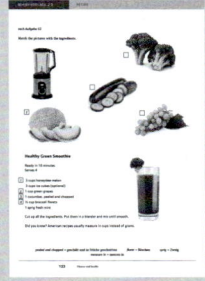 

Picture

1. Erläutern Sie, dass es in dieser Unit um Gesundheit sowie Ernährung/Essen/Nahrungsmittel geht.
2. Bitten Sie die Teilnehmer, sich das Bild auf Seite 20 anzuschauen. Schreiben Sie das Wort *food* an die Tafel und sprechen Sie es deutlich vor. Fragen Sie zur Vertiefung z. B. *Do you like eating out? Which food in the picture do you like best? Have you ever cooked any of this yourself?*
3. Besprechen Sie die Fragen gemeinsam in der Gruppe.

01 **Warm up**

1. Lesen Sie die Anweisung in der Randspalte laut vor. Sollte *word spider* nicht bekannt sein, malen Sie ein Beispiel an die Tafel, z. B. *languages* in die Mitte, *Spanish* dazu. Erläutern Sie, indem Sie auf das Bild auf Seite 20 deuten: *This is a word spider.*
2. Da die meisten Wörter in der Wortspinne neu sind, lesen Sie die Begriffe laut vor. Beginnen Sie mit dem Wort *food*. Lesen Sie dann die anderen Wörter vor. Stellen Sie sicher, dass allen Teilnehmern die Bedeutung der Wörter bekannt ist. Versuchen Sie, unbekannte Wörter auf Englisch zu erklären. Sie könnten sagen: *Potatoes and broccoli are vegetables.* Das Wort *beef* können Sie mit dem Wort *steak* erklären: *Steak is beef.*

3. Bitten Sie die Teilnehmer, die Wortspinne zusammen mit einem Partner aufzu-füllen. Sie können derweil die Kategorien in der Wortspinne aus dem Buch an die Tafel übernehmen.

4. Beenden Sie die Partnerarbeit nach fünf Minuten, wenn die Teilnehmer signali-sieren, dass ihnen keine weiteren Wörter mehr einfallen.

5. Bitten Sie die Zweiergruppen, ihre Funde nach Kategorien geordnet vorzulesen. Bei einer sicheren Gruppe sprechen Sie die Wörter bestätigend nach. Bei einer unsicheren Gruppe übernehmen Sie die Begriffe an die Tafel, damit die korrekte Schreibweise sichergestellt ist.

Hinweis

– Achten Sie insbesondere auf die Aussprache der Begriffe *fruit* und *vegetable*. Viele Teilnehmer neigen dazu, bei *fruit* das „i" mitzusprechen; bei *vegetable* klingt die Silbe -*table* häufig wie das Wort *table* für Tisch.

---

02 Text

04

1. Erklären Sie, dass die Teilnehmer einen Zeitungsartikel hören werden und dabei gleichzeitig mitlesen können. Da in der Randspalte das Wort *journey* und in der Überschrift des Zeitungsartikels das Wort *vegan* neu ist, empfiehlt es sich, diese Begriffe vor Beginn der Aufgabe einzuführen. Übernehmen Sie beide Begriffe an die Tafel, sprechen Sie sie laut aus und erklären Sie z. B. *A journey is a long trip. Last summer I went on a journey to (Mallorca). A vegan is a person who doesn't eat any meat, eggs or milk products.*

2. Lesen Sie die Anweisung in der Randspalte vor. Bitten Sie die Teilnehmer, den Text mitzulesen. Spielen Sie die CD einmal ab.

3. Fragen Sie nach den ersten Eindrücken der Teilnehmer. War es schwer/leicht mitzulesen? Kann jemand schon die Frage aus der Randspalte beantworten? Übernehmen Sie die Lösung bei Bedarf an die Tafel.

Lösung

They broke the record in Australia.; They are from New Zealand.

4. Klären Sie jetzt im Nachgang Verständnisfragen. Dazu könnten die Verben *to get used to something, to believe in something* oder auch *to feel like doing something* gehören. Eine wörtliche Übersetzung der Einzelteile des Ausdrucks ist hier nicht sinnvoll, versuchen Sie vielmehr, die Verben in einen Zusammenhang einzu-betten, der den Teilnehmern vertraut ist. Sagen Sie z. B. *I got used to regular English training. I do it every (day and time of the course).*

5. Spielen Sie die CD erneut ab.

Erweiterung nach 5.

2.1

6. Erklären Sie, dass die Teilnehmer mit der Kopiervorlage 2.1 ihren eigenen Smoothie zubereiten können. Lesen Sie mit den Teilnehmern gemeinsam das Rezept durch, das Sie laut vorlesen. Klären Sie unbekannte Wörter.

7. Rezepte geben immer Anlass zur Diskussion. Fragen Sie z. B. *Has anybody ever made a smoothie? Do you think this recipe is good? Would you like to try this smoothie? Where do you look to find new recipes when you need some?*

8. Wenn Sie kochbegeisterte Teilnehmer haben, starten Sie mit ihnen eine eigene Rezeptsammlung. Vielleicht ist jemand bereit, diesen Smoothie für alle zum nächsten Englischmeeting mitzubringen?

03 Quick check

1. Lesen Sie die Anweisung in der Randspalte vor.
2. Bitten Sie anschließend die Teilnehmer in Sitzreihenfolge, die Zahlen auf der linken Seite vorzulesen. Unterstützen Sie bei der Aussprache wenn nötig.
3. Die Teilnehmer lösen anschließend die Aufgabe jeder für sich.
4. Vergleichen Sie abschließend die Ergebnisse in der Gruppe, indem die Teilnehmer nacheinander ihre Ergebnisse vorlesen.
5. Der Antwortgeber gibt die Frage dann weiter, bis alle zusammengehörenden Paare gefunden wurden.

Lösung

1 D; 2 E; 3 F; 4 C; 5 B; 6 A

04 Talk about the text

1. Lassen Sie die Fragen vorlesen und Unklarheiten klären. Erklären Sie, dass hier über den Text in 02 geredet wird.
2. Die Teilnehmer beantworten die Fragen alleine oder in kleinen Gruppen und stellen ihre Ergebnisse anschließend vor.

Beispiellösung

1 A vegan eats no animal products at all, no meat or fish but also no milk products or eggs. A vegetarian eats no meat or fish.; 2 After the first few weeks, when they got used to the routine.; 3 vegan/routine/lifestyle/energy/break a record; 4–6 you own answers

Hinweis

– Für die Diskussion kann die *Useful Language Box* in 08 in Unit 1, Seite 13, nützlich sein. Lesen Sie diese bei Bedarf mit den Teilnehmern nochmals durch.

05 LANGUAGE

▶ Grammatikseite 142

1. Lesen Sie die Sätze in der *Language Box* vor. Das Verb *enjoy* ist hier neu. Sagen Sie z. B. *In the winter I enjoy skiing, I like skiing in the winter. In the summer I enjoy hiking.*
2. Erläutern Sie, dass es im Englischen bestimmte Verben gibt, nach denen ein weiteres Verb die *-ing* Form verwendet und andere, nach denen der Infinitiv mit *to* benutzt wird. Die am häufigsten verwendeten davon sollte man auswendig lernen. Es handelt sich dabei oft um Verben, mit denen man eine Meinung oder auch Vorlieben und Abneigungen ausdrückt. Sie können dazu mit den Teilnehmern die Erläuterungen 12 auf Seite 142 studieren.
3. Bitten Sie die Teilnehmer, nochmals zum Text in 02 zurückzublättern und die Sätze zu markieren, die die Verben *want*, *plan* und *stop* enthalten.

Lösung

She also wanted to do some gardening.; she … didn't plan to stop running; you don't stop doing something that works

06 Practice

1. Lesen Sie die Anweisung in der Randspalte vor. Machen Sie deutlich, dass die Teilnehmer hier nicht zwischen der Form mit *-ing* und der Form mit *to* wählen, sondern lediglich die vorgegebenen Formen gemäß der Anweisung einsetzen sollen.

(3) to join somebody
(6) to suggest doing something
(6) to go for a walk
(8) to recommend doing something

2. Klären Sie die neuen Verben dieser Aufgabe vor Bearbeitung der Sätze. Übernehmen Sie dazu das Bild aus der Randspalte an die Tafel.
3. Erklären Sie die Wörter wenn möglich auf Englisch. Sagen Sie z. B. *My friend joined me for a walk yesterday. I suggest flying to London over the weekend to practice our English. What do you think?* Sie können auch paraphrasieren, indem Sie z. B. sagen *When I recommend doing something, I think this would be a good thing for you to do.*
4. Bitten Sie die Teilnehmer, die Aufgabe jeder für sich zu bearbeiten.
5. Vergleichen Sie anschließend die Ergebnisse, indem die Teilnehmer ihre Lösung vorlesen.
6. Lesen Sie die richtigen Lösungen abschließend nochmals (laut) vor.

Lösung

1 to run; 2 to buy; 3 to join; 4 to get; 5 watching; 6 going; 7 telling; 8 flying; 9 running; 10 smoking

Hinweis

– Sollten Sie diese Aufgabe als Hausaufgabe nutzen wollen, ist es empfehlenswert, 2. im Vorhinein durchzuführen.

07 Practice

1. In dieser Aufgabe geht es um die Zuordnung der Satzteile aus der rechten und linken Spalte. Um sicherzustellen, dass alle Teilnehmer die Satzteile verstehen, bitten Sie sie, die Satzteile 1–6 und dann die Teile A–F vorzulesen. Unterstützen Sie wo nötig.
2. Neu sind die Wörter *retires* in Satzteil A und *wet* in Satzteil 2. Erklären Sie die Wörter, indem Sie sagen *In Germany people usually retire when they're 65. This is when they stop working. Wet* lässt sich einfach als *Wet is the opposite of dry.* erklären.
3. Die Teilnehmer ordnen jeder für sich die Satzteile zu.
4. Die Teilnehmer überprüfen die Ergebnisse, indem sie in Sitzreihenfolge ihre Lösungen vorlesen. Geben Sie dabei der Gruppe Zeit, zu den vorgeschlagenen Lösungen Stellung zu nehmen, bevor Sie dies selbst tun.

Lösung

1 D; 2 F; 3 E; 4 B; 5 A; 6 C

08 LANGUAGE

▶ Grammatikseite 142

1. Lesen Sie Überschrift der *Language Box* vor. Erklären Sie, dass es in dieser *Language Box* um die *-ing* Form nach Wörtern wie *for, about* oder *of* geht.
2. Bitten Sie freiwillige Teilnehmer, die Sätze im ersten Absatz der *Language Box* vorzulesen. Klären Sie Verständnisfragen.
3. Sie können auch die Informationen in den Grammatikseiten in Punkt 13, Seite 143, Absatz A und B hinzuziehen.
4. Bitten Sie die Teilnehmer, in der *Language Box* andere Verben einzusetzen, so dass die Sätze trotzdem Sinn machen.

Beispiellösung	*Have you ever **thought about taking part in** a marathon?; Janette **felt like reading** in bed a little longer.; Our neighbour is very **good at cooking**.; I'm **looking forward to visiting** the children next week.; **Thanks for bringing** me a smoothie for breakfast.; They did it **without preparing** any cooked food.; The couple ate a fruit salad **after racing for** 19 miles.; My wife got fit **by exercising** in the gym.*

Erweiterung

2.2

5. Verteilen Sie eine Kopiervorlage 2.2 pro Teilnehmer. Erläutern Sie, dass es hier darum geht, die richtigen Präpositionen einzufügen. Das Kreuzworträtsel kann dabei helfen.
6. Bitten Sie die Teilnehmer, Zweiergruppen zu bilden.
7. Geben Sie den Zweiergruppen ausreichend Zeit, die Aufgabe zu bearbeiten. Gehen Sie herum und unterstützen Sie wo nötig.
8. Beenden Sie die Bearbeitung, wenn alle Zweiergruppen signalisieren, dass sie die Aufgabe gelöst haben.
9. Bitten Sie die Gruppen nun in Sitzreihenfolge, ihre Lösungen vorzustellen.

Lösung der Kopiervorlage

1 without; 2 for; 3 to; 4 about; 5 for; 6 forward; 7 like; 8 at

09 Practice

1. Lesen Sie die Anweisungen in der Randspalte vor und erläutern Sie, dass es hier darum geht, ausschließlich die *-ing* Form der Verben in dem Kasten oberhalb der Aufgabe einzusetzen.
2. Bitten Sie einen Teilnehmer, die Verben in dem Kasten vorzulesen. Klären Sie Nachfragen. Neu ist das Verb *ride*, das in Satz 8 eingesetzt wird. Erklären Sie, dass *ride* hier nicht dem deutschen ‚reiten', sondern vielmehr ‚fahren' entspricht. Sagen Sie z. B.: *In English you ride a bike or a bus, but you drive a car.* Betonen Sie dabei die Verben.
3. Laden Sie die Teilnehmer nun ein, die Aufgabe entweder jeder für sich oder wenn gewünscht auch in Zweiergruppen zu lösen.
4. Vergleichen Sie die Ergebnisse anschließend in der Gruppe durch Vorlesen.

Lösung

1 swimming; 2 running; 3 doing; 4 making; 5 going; 6 relaxing; 7 booking; 8 riding

Hinweise

– Das neue Wort *gym* in Satz 1 führt häufig zu der Nachfrage, ob *fitness studio* denn falsch sei. Weisen Sie in dem Fall darauf hin, dass im britischen und amerikanischen Englisch neben *gym* eher das Wort *fitness centre* (BE) oder *fitness center* (AE) gebräuchlich ist.
– Diese Aufgabe eignet sich auch gut als Hausaufgabe.

10 Now you

1. Bitten Sie die Teilnehmer, die Anweisung in der Randspalte durchzulesen. Erläutern Sie, dass es in dieser Aufgabe in zwei Schritten darum geht, sich mit Hilfe der vorgegebenen Satzanfänge auszutauschen.
2. Bitten Sie dazu zwei freiwillige Teilnehmer, jeweils eine Sprechblase vorzulesen. Übernehmen Sie den antwortenden Part und antworten Sie so, dass der Inhalt für Sie zutrifft.

3. Geben Sie nun den Teilnehmern Zeit, die Satzanfänge durchzulesen und sich für sie stimmige Vervollständigungen zu überlegen. Die Teilnehmer können diese dann mit anderen Teilnehmern austauschen.

4. Fordern Sie die Teilnehmer anschließend auf, im Raum herumzugehen und sich mindestens zwei Partner zu suchen, mit denen sie sich austauschen. Nehmen Sie aktiv an der Fragerunde teil und unterstützen Sie wo nötig.

Variante zu 4.

4. Geben Sie den Teilnehmern Zeit, jeden Satz auf einem gesonderten Blatt Papier schriftlich zu vervollständigen. Erst im Anschluss starten Sie die Fragerunde.

11 Health tips

| much | much gardening, much work, much money |
| many | many kilometres, many children |

1. Diese Aufgabe beschäftigt sich mit dem Thema Gesundheitstipps und verbindet dies mit dem Unterschied zwischen *much* und *many*. Sollten Sie mit einer Gruppe arbeiten, der dieser Unterschied vertraut ist, können Sie gleich mit Schritt 2 beginnen. Übernehmen Sie anderenfalls zur Erinnerung das Bild der Randspalte an die Tafel. Fragen Sie, wer aus den Beispielen eine Regel erkennen oder erinnern kann. Erklären Sie, dass *many* mit Wörtern verwendet wird, von denen man die Mehrzahl bilden kann: *We use many with words that have a plural. Much* wird mit Wörtern verwendet, von denen man (ohne Bedeutungsveränderung) keine Mehrzahl bilden kann.

2. Lesen Sie die Einleitung zum Artikel sowie den ersten Beispielsatz selbst vor. Fragen Sie die Teilnehmer danach, welche Regel sie für das Einsetzen von *much* und *many* erkennen können.

3. Bitten Sie die Teilnehmer dann, jeder für sich den Text zu vervollständigen. Klären Sie Verständnisfragen.

4. Vergleichen Sie die Ergebnisse abschließend, indem die Teilnehmer ihre Sätze vorlesen, wobei jeder Vorleser seinen Nachfolger selber benennen darf. Geben Sie zuerst der Gruppe die Gelegenheit, die vorgeschlagene Lösung zu bedenken, bevor Sie korrigieren oder bestätigen.

Lösung

1 much; 2 much; 3 many; 4 much; 5 many; 6 many; 7 Many; 8 much; 9 many; 10 much; 11 Many

Hinweise

– *Serious* wird gerne mit dem deutschen ,seriös' verwechselt. Erläutern Sie bei Nachfragen, dass ,seriös' mit *decent* übersetzt wird.
– Sie können folgende Merkhilfe geben: *Much* heißt viel, *many* heißt viele.

12 Now you

1. Stellen Sie bei dieser Diskussionsaufgabe sicher, dass die Teilnehmer alle Fragen verstehen. Erläutern Sie gegebenenfalls das Wort *advice* in Satz 3. Sagen Sie z. B. *If you want to become fitter, my advice or my tip is: Go jogging every day.*

2. Lesen Sie die erste Frage laut vor. Laden Sie die Teilnehmer zur Diskussion ein, indem Sie zu Beginn einen sprechsicheren Teilnehmer direkt ansprechen. Ermutigen Sie diesen Teilnehmer, jemand anderen zu fragen: *What do you think?* Wie bei jeder Diskussionsübung sollte auch hier der Redefluss im Vordergrund stehen vor dem Korrigieren jedes einzelnen Fehlers. Verfahren Sie so auch mit den folgenden Fragen.

13 Wordpower

1. Erklären Sie, dass dies ist die erste Übung in *Easy English* ist zu Wörtern, die bei unterschiedlicher Bedeutung gleich klingen, aber unterschiedlich geschrieben werden. Wiederholen Sie dabei das neue Wort *sound*, dass die Teilnehmer sicherlich intuitiv erfassen können: *The words sound the same.*
2. Lesen Sie den ersten Beispielsatz vor.
3. Bei einer lesesicheren Gruppe laden Sie die Teilnehmer ein, die Sätze nun in Sitzreihenfolge (selber) vorzulesen. Bei einer eher unsicheren Gruppe übernehmen Sie das Vorlesen selber.
4. Diskutieren Sie in der Gruppe, welches Wort jeweils einzukreisen ist. Verfahren Sie so, bis alle Lösungen gefunden wurden. Stellen Sie sicher, dass die Teilnehmer die Bedeutung aller alternativen Lösungen kennen.
5. Lesen Sie anschließend den zweiten Teil der Anweisung vor. Geben Sie den Teilnehmern Zeit, zehn Sätze zu erstellen.

Lösung

2 There; 3 whole; 4 threw; 5 Where; 6 write; 7 buy; 8 meet; 9 hear; 10 won

Variante ab 5.

5. Wenn Gruppengröße und Zeit es nicht erlauben, mit jedem Teilnehmer zehn neue Sätze zu vergleichen, bilden Sie zwei Gruppen. Die erste Gruppe schreibt Alternativen für die Sätze 1–5, die zweite Gruppe für 6–10.
6. Die Gruppen lesen abschließend ihre Sätze vor. Bestätigen oder korrigieren Sie wo nötig.

Hinweise

– Das Verb *threw* in Satz 4 ist neu, überlassen Sie das Vorlesen ruhig dennoch einem freiwilligen Teilnehmer, denn die Aussprache sollte sich aus dem bekannten *through* erschließen. Unterstützen Sie jedoch bei der Bedeutung, übernehmen Sie *throw – threw* an die Tafel und erläutern Sie *Threw is the past of throw.*
– Den zweiten Teil der Aufgabe können Sie idealerweise als Hausaufgabe durchführen.

14 Listening

05

1. Lesen Sie die Anweisungen in der Randspalte laut vor. Das neue Wort *shopper* können die Teilnehmer hier sicherlich intuitiv erschließen. Erläutern Sie, dass diese Hörverständnisübung aus zwei Teilen besteht.
2. Bitten Sie einen freiwilligen Teilnehmer, den ersten Teil der Anweisungen in der Übung vorzulesen. Klären Sie Verständnisfragen. Spielen Sie die CD anschließend einmal ab.
3. Fragen Sie nach den ersten Eindrücken. Ist jemand schon in der Lage, die Frage zu beantworten? Sammeln Sie mögliche Lösungen per Zuruf, und spielen Sie die CD ein zweites Mal ab.
4. Ergänzen Sie die Antworten der Teilnehmer: Wofür hat die Mehrheit der Teilnehmer gestimmt, *the man or the woman?*

Lösung

the man

5. Lesen Sie die Anweisung für den zweiten Teil der Übung vor. Bitten Sie die Teilnehmer, die Themen in den Kästen durchzulesen. Erklären Sie, dass Sie die CD erneut abspielen werden und bitten Sie die Teilnehmer, sich dabei Notizen zu machen.

6. Sammeln Sie die Ergebnisse der Teilnehmer, indem Sie die Kategorien aus dem Buch an die Tafel übernehmen. Tragen Sie die ersten zwei Nennungen der Teilnehmer in Notizen unter der jeweiligen Kategorie ein. Ermutigen Sie die Teilnehmer, weitere Ergebnisse selber einzutragen.

7. Diskutieren Sie kurz über jeden Eintrag. Fragen Sie die Teilnehmer z. B. *What do you think? Do you agree or disagree?*

Hinweis

– Der Ausdruck *give up things for Lent* entspricht dem Deutschen kürzer Treten während der Fastenzeit vor Ostern.

Transcript

R = Reporter
W = Woman
05   M = Man

R We're in the centre of Newcastle today, and I'm asking shoppers about their fitness. Er, hello, can I ask you … do you think we get too much advice about what we should and shouldn't eat?

W Oh yes, every day you read something different. One expert says you shouldn't eat butter, you should use margarine, then the next day you find an article on 'Why margarine is bad for you'. You don't know what to believe. I mean, some things are clear enough, everybody knows you shouldn't eat too much fast food. But it is quick and easy, and it can be cheaper than buying fresh food and cooking a meal, so it's not surprising that people with busy lives often buy it.

R The experts also say you shouldn't drink alcohol every day.

W Of course we shouldn't drink too much, we shouldn't drink all day every day. But they also tell us to relax, not to work too hard, to enjoy our free time, and for many people like me, that means a night in the pub, an evening with friends and some nice wine.

R And what about smoking?

W Oh well, I smoked when I was younger, I loved a cigarette with my cup of coffee in the morning. But my boyfriend suggested giving it up for Lent, so I tried it, and it worked. Lots of people give up eating chocolate but I stopped smoking and I never started again.

R Good for you!

W I think it's getting easier to give it up now. I mean, you can't smoke in pubs or bars, on trains or buses. You have to stand outside in the cold, and all the other people look at you as if you're a criminal. I'm glad I gave up when I did.

R Thank you for talking to us. Excuse me, I'm from Radio Tyne, can I ask you how fit you think you are?

M I'm very fit because I go to the gym three times a week. And I don't go there by car, like so many others do – I cycle there and I exercise hard. I mean, driving to the gym is crazy.

R And what about food. What do you eat?

M I don't spend much money on food, but you don't have to. I eat well.

R So what advice can you give our listeners today?

M Look, actually your listeners are not idiots. They know what they have to do to get fit. Everyone knows we should eat real food, lots of raw food, and we all eat too much. You don't have to go on any crazy diets, you just have to eat well and just enough so that you're not hungry all the time.

R Right. Thank you … So have we become more interested in eating well and keeping fit? Back in the studio, we're going to talk to …

15 Round up

1. Lesen Sie die Anweisung oberhalb der Aufgabe vor. Geben Sie den Teilnehmern ausreichend Zeit, sich Notizen zu machen. Unterstützen Sie gegebenenfalls bei fehlenden Wörtern.
2. Beenden Sie diesen ersten Teil der Übung, wenn jeder Teilnehmer mindestens einen Eintrag gemacht hat. Unterstützen Sie dabei insbesondere eher ‚ratlose' Teilnehmer, indem Sie Beispiele aus dem Alltag anregen: *At the beginning of the year, I decided to eat less chocolate. My husband said he would give up coffee.*
3. Bilden Sie nun, je nach Größe Ihres Kurses, mindestens zwei Zweiergruppen, höchstens aber Vierergruppen. Lesen Sie den zweiten Teil der Anweisungen im Buch. Bitten Sie vier freiwillige Teilnehmer, die Inhalte der Sprechblasen als Beispiele vorzulesen.
4. Fordern Sie die Teilnehmer auf, sich über ihre jeweiligen Notizen innerhalb der Gruppen auszutauschen. Nehmen Sie aktiv an der Übung teil.
5. Beenden Sie die Diskussionen, wenn sich das Redeaufkommen in den Gruppen deutlich reduziert.

Hinweise

– Selbstverständlich lassen sich die Sprechblasen für einen Meinungsaustausch nutzen. Fragen Sie z. B. *(Hanna) what do you think about a meat-only diet?*
– Falls Sie mit einer sehr kreativen Gruppe arbeiten, bitten Sie diese, ihre spannendste Geschichte vorzustellen. Ermuntern Sie die anderen Gruppen zu Kommentaren und Nachfragen. Prämieren Sie den ungewöhnlichsten oder skurrilsten Bericht.

Ideenpool

▸▸ Aufgabe 12

1. Frage 2 *Which are good tips, in your opinion? Can you think of any more?* eignet sich sehr gut für ein Gemeinschaftsprojekt. Nehmen Sie dazu ein Flipchart- oder ein farbiges A3-Blatt. Betiteln Sie es mit *Our Health Tips*.
2. Legen Sie das Blatt in die Mitte des Tisches oder hängen Sie es an eine gut zugängliche Stelle. Laden Sie Teilnehmer ein, weitere Tipps auf dem Blatt zu notieren. Stellen Sie sicher, dass jeder Tipp auf das Blatt übernommen wird.
3. Gibt es einen Tipp, dem sich alle Teilnehmer ab sofort anschließen können? Zeichnen Sie diesen mit einem besonderen Zeichen wie einer Krone o. ä. als *Best Health Tip* aus.

Hausaufgaben

Extra Practice Reminder:

☐ p._____ No. _____ _____ _____

☐ p._____ No. _____ _____ _____

☐ p._____ No. _____ _____ _____

☐ _____

☐ _____

Lernziel

Über Stadtmerkmale und Stadtgeschichte berichten

1. Dies ist das erste Video im Buch. Bereiten Sie wenn möglich eine Karte von Irland oder Großbritannien vor. Hängen Sie die Karte für alle gut sichtbar auf. Erklären Sie, dass die Teilnehmer mit der Stadtführerin Pauline durch Dublin schlendern.
2. Fragen Sie, ob jemand Dublin auf der Karte markieren kann.
3. Aufgrund seiner Länge von ca. 8 Minuten empfiehlt es sich, das Video in Etappen anzusehen. Zeigen Sie zunächst den ersten Teil des Videos (Film 1) bis 1:00 ohne Untertitel.
4. Sammeln Sie erste Eindrücke. Was konnten die Teilnehmer schon verstehen? Fragen Sie *Have you ever visited a city by bike? What was it like?*

Erweiterung nach 4.

5. Fragen Sie, ob jemand die Eingangsmelodie zum Video erkannt hat. Es handelt sich dabei um das irische Volkslied *Molly Malone* oder auch *Cockles and Mussels* (Miesmuscheln und Herzmuscheln). Sie finden den Text des Liedes in Track 18 von *Facts and Fun* auf Seite 77.
6. Spielen Sie den nächsten Teil des Videos von 1:00 bis 4:00 ab. Geben Sie den Teilnehmern dazu diese Fragen als Aufgabe: *Where did the Celts settle when they invaded Britain? What did they bring to the Irish?*
7. Fragen Sie danach, wer die Antwort heraushören konnte. Übernehmen Sie die Lösung per Zuruf an die Tafel.

Lösung

Scotland; Wales; Ireland; Northern France; Northern Spain / Language; music; art forms

> The City Hall
> Dublin Castle
> Chapel Royal

8. Spielen Sie den nächsten Teil des Videos ab bis 6:42. Notieren Sie im Vorhinein nebenstehende Namen an der Tafel. Bilden Sie drei Gruppen und teilen Sie jeder Gruppe einen Punkt der Besichtigungstour zu. Geben Sie jeder Gruppe die Aufgabe, sich mindestens zwei wichtige Punkte ihres Parts zu merken.
9. Stoppen Sie das Video bei 6:42. Geben Sie jeder Gruppe die Zeit, sich zu beraten und Notizen zu ihrem Besichtigungsprogrammpunkt zu machen. Die Gruppen stellen anschließend ihre Punkte den jeweils anderen Gruppen vor.
10. Übernehmen Sie das Gedicht der Lady Justice and die Tafel. Fragen Sie *What do you think this poem means?*

> Lady Justice, behold her station.
> Her face is to castle, her arse is to the nation.

11. Spielen Sie abschließend das Video noch einmal im Ganzen ab.
12. Fragen Sie abschließend: *Did you like the tour with Pauline? What did you find most interesting? What would you show your visitors on a tour of your city? Would you like to spend your holiday in Dublin?* Diskutieren Sie in der ganzen Gruppe.

Background

0:29: Die Statue zeigt den Gewerkschaftsführer *Jim Larkin*.
0:34: Zu sehen ist die nach dem irischen Schriftsteller benannte *Samuel Beckett Bridge*; das schrägstehende Gebäude links davon ist das *Convention Centre* am Fluss *Liffey*.
3:27: *Saint Patrick* ist Schutzheiliger und war Bischof von Irland im 5. Jahrhundert.
5:12: Das Schild zeigt Bezeichnungen auf Englisch und Irisch (Irisches Gälisch). Heute sprechen noch ca. 36 % aller Iren Irisch, über 95 % sprechen Englisch. Irisches Gälisch ist kein Dialekt, sondern eine eigene Sprache.

Hinweis

– Auf Seite 130 finden Sie die *Video Exercises*, die eigenständig während der Stunde oder zu Hause gelöst werden können. (Lösung 1 C; 2 B; 3 A; 4 C; 5 B; 6 C)

A working life

Lernziele	• Arbeit und Beruf • Notruf • Haushaltspflichten • Traumberufe
Grammatik	• Wiederholung von *should, must, mustn't* und *have to*
Materialien	• Aufgabe 07, Erweiterung: Kopiervorlage 3.1, eine Kopie pro Teilnehmer • Aufgabe 08, Erweiterung: Kopiervorlage 3.2, ausschneiden, 1–3 Karten pro Teilnehmer • Ideenpool: Karteikarten in der Anzahl der Teilnehmer

Picture

1. Lesen Sie die Überschrift der Unit laut vor: Der Begriff *working life* ist neu, kann von den Teilnehmern aber sicherlich intuitiv erfasst werden.
2. Fragen Sie die Teilnehmer, was sie auf dem Foto sehen und was es mit dem Begriff *working life* auf sich haben könnte.

---

01 Warm up

1. Lesen Sie die Anweisung in der Randspalte laut vor. Neu sind hier die Begriffe in 3, 6 und 7. Lesen Sie daher die Liste der Arbeiten einleitend laut vor. Die unbekannten Wörter lassen sich pantomimisch darstellen. Laden Sie auch die Teilnehmer ein, dies wenn möglich zu tun. Fragen Sie z. B. *Does anybody know the word dishwasher? Can you show us what this is?*
2. Bitten Sie die Teilnehmer anschließend, entweder jeder für sich, oder in einer kleinen Gruppe gemeinsam, die Haushaltsaktivitäten den Bildern zuzuordnen.
3. Vergleichen Sie die Ergebnisse abschließend, indem jeder Teilnehmer einen Begriff laut vorliest und das dazugehörige Bild nennt.

Lösung

1 F; 2 E; 3 G; 4 A; 5 C; 6 D; 7 B

4. Fragen Sie die Teilnehmer, ob sie noch weitere Hausarbeiten auf Englisch beschreiben können. Sammeln Sie diese an der Tafel.

---

5. Bitten Sie einen Teilnehmer, die Diskussionsfrage in der Aufgabe vorzulesen. Die Sprechblasen können als Gesprächsanreiz dienen. Bitten Sie zwei freiwillige Teilnehmer, diese vorzulesen. Lesen Sie die Sprechblasen mit den neuen Begriffen selbst vor. Neu sind hier die Begriffe *It's just me* und *work shifts*. Sie können die Begriffe erklären, indem Sie z. B. sagen *It's just me means I live alone / I'm on my own. To work shifts means you work for example from 6 a.m. to 2 p.m. or from 10 p.m. to 6 a.m.*

6. Laden Sie die Teilnehmer zu einem Austausch ein, indem Sie einen Teilnehmer direkt ansprechen. Sagen Sie z. B. *I hate doing the washing-up, what about you (Petra)?*

02 Text

07

> what do her parents do?

1. Lesen Sie die Anweisung in der Randspalte vor. Neu ist hier der Begriff *ambulance service*, den die Teilnehmer sicherlich intuitiv erfassen können. Nennen Sie zur Erläuterung z. B. einen bekannten Rettungsdienst in Ihrer Gegend.

2. Übernehmen Sie die Frage aus der Randspalte an die Tafel. Machen Sie deutlich, dass mit dieser Frage nach der beruflichen Tätigkeit einer Person gefragt wird. Fragen Sie z. B. einen Teilnehmer, dessen Beruf Sie kennen: *(Jan), what do you do? Are you a teacher, an astronaut or a banker?*

3. Lesen Sie anschließend die Überschrift des Textes mit den neuen Wörtern *emergency call operator* laut vor. Geben Sie auch hier den Teilnehmern Zeit, die Begriff eventuell intuitiv zu erschließen. Andernfalls erläutern Sie: *In Germany you call 112 when you have an accident. An emergency call operator will answer the phone.*

4. Laden Sie die Teilnehmer ein, den Text mitzulesen und spielen Sie die CD einmal ab.

5. Fragen Sie anschließend, ob jemand die Frage aus der Randspalte schon beantworten kann. Sammeln Sie die Antworten mündlich und übernehmen Sie die richtige Antwort an die Tafel.

Lösung

> *They are nurses.*

6. Spielen Sie die CD bei Bedarf nochmals ab.

7. Klären Sie neue Begriffe auf Nachfrage. Zu den schwierigeren Begriffen könnten gehören: *faint, challenging* und *unsympathetic*. Umschreiben Sie die Begriffe z. B. wie folgt: *When you faint, you fall down to the ground. When something is challenging it is difficult. An unsympathetic person is not interested in other people's problems or troubles.*

8. Fragen Sie die Teilnehmer nach ihrer Meinung: *Do you think this is a difficult job? Why or why not?*

Hinweise

– Weisen Sie daraufhin, dass im Englischen der Begriff *nurse* für männliche und weibliche Pflegekräfte verwendet wird. Ein Krankenpfleger wird auch *male nurse* genannt.

– Der Begriff *unsympathetic* wird häufig mit dem deutschen ‚unsympathisch‘ verwechselt. ‚Unsympathisch‘ entspricht aber *not nice, unpleasant, disagreeable*.

03 Quick check

1. Lesen Sie die Anweisung in der Randspalte durch und bitten Sie die Teilnehmer, je nach Wunsch, individuell oder mit dem Partner zu entscheiden, ob die Aussagen richtig oder falsch sind.
2. Den neuen Begriff *aren't allowed to* in Frage 5 können Sie auf Nachfrage mit dem Ausdruck *shouldn't* oder auch *it is not ok when …* umschreiben.

Lösung

1 F; 2 T; 3 F; 4 F; 5 F

04 Talk about the text

1. Bitten Sie die Teilnehmer, die ersten vier Fragen jeder für sich durchzulesen und zu beantworten. Sammeln Sie die Ergebnisse, indem Sie die erste Frage vorlesen und freiwillige Teilnehmer einladen, zu antworten. Geben Sie der Gruppe Zeit, auf die Antwort zu reagieren, bevor Sie gegebenenfalls korrigieren oder bestätigen. Verfahren Sie ebenso mit den Fragen 2–4.
2. Die Fragen 5 und 6 eignen sich gut zu einer Gruppenübung, wenn Sie mit einer größeren Gruppe arbeiten. Bitten Sie dazu die Teilnehmer, sich einen oder zwei Partner im Raum zu suchen. Die Gruppen lesen die Fragen vorerst innerhalb ihrer Gruppe und diskutieren. Nehmen Sie aktiv an der Diskussion teil.
3. Beenden Sie den Austausch, wenn sich das Redeaufkommen verringert, und laden Sie die Zweier- bzw. Dreiergruppen nun ein, ihre Meinungen vorzustellen. Ein Gruppensprecher befragt anschließend eine andere Gruppe. Unterstützen Sie.

Beispiellösung

1 They have to find out where the caller is.; 2 It wasn't challenging.; 3 You have to do four weeks first-aid training.; 4 They have to stop when there's a call.

Hinweis

– Die Frage 6 lädt zum Meinungsaustausch ein. Dafür kann eine Wiederholung der *Useful Language Box* in 08 in Unit 1 auf Seite 13 nützlich sein.

05 LANGUAGE

▶ Grammatikseite 140

> We mustn't forget to close the windows when we leave our English classroom.

Erweiterung

1. Erklären Sie, dass diese *Language Box* sich mit Wörtern wie *must, have to* oder auch *should* befasst. Beispiele finden Sie im Grammatikteil 7 auf Seite 140.
2. Bitten Sie drei freiwillige Teilnehmer, die Beispielsätze zu *should/shouldn't* und *have to / don't have to* vorzulesen. Klären Sie Verständnisfragen.
3. Übernehmen Sie selbst das Vorlesen des Passus, der sich mit *must/mustn't* beschäftigt. Bitten Sie die Teilnehmer, drei Beispielsätze mit dem Wort *mustn't* zu bilden, die sich auf den Englischkurs beziehen. Übernehmen Sie einen Beispielsatz an die Tafel. Laden Sie die Teilnehmer ein, die Beispielsätze mit *mustn't* an der Tafel zu sammeln.
4. Bitten Sie die Teilnehmer, sich den Text 02 auf Seite 31 erneut mit einem Partner anzuschauen. Welche Ausdrücke lassen sich finden, die eine ähnliche Struktur haben wie die in der *Language Box*? Geben Sie den Teilnehmern Zeit, diese Ausdrücke zu markieren.
5. Laden Sie die Zweiergruppen ein, ihre Funde an der Tafel zu sammeln. An der Tafel könnte stehen: *I mustn't forget to ask … / You don't have to go to university … / They have to learn to work with computer programs. / They have to stop talking . / They shouldn't do that. / They should understand …*

06 Practice

1. Lesen Sie Anweisung in der Randspalte vor und bitten Sie die Teilnehmer, die Aufgabe jeder für sich zu lösen. Neu ist dabei der Ausdruck *you're welcome to stay*, den die Teilnehmer intuitiv erschließen können. Klären Sie eventuelle Verständnisfragen.
2. Vergleichen Sie die Ergebnisse, indem die Teilnehmer ihre Sätze in Sitzreihenfolge vorlesen. Geben Sie der Gruppe Zeit, auf das Vorgelesene zu reagieren, bevor Sie bestätigen oder verbessern.

Lösung

1 don't have to; 2 mustn't; 3 don't have to; 4 mustn't; 5 don't have to; 6 don't have to

Erweiterung

3. Sie können Satz 4 dazu nutzen, nochmals eine kurze Übungsrunde mit dem Ausdruck *I mustn't forget to …* einzulegen. Beginnen Sie, indem Sie ein Beispiel vorgeben. *I mustn't forget to buy bread this evening. What about you (Klaus)? Is there something you mustn't forget to do?*

07 Practice

1. Bitten Sie die Teilnehmer, in Sitzreihenfolge zuerst die Satzanfänge 1–7 und dann die Satzenden A–F vorzulesen. Klären Sie dabei neue Wörter wie *back problem*, *cough* und *awful*. Die ersten Begriffe lassen sich pantomimisch erläutern. *Awful* können Sie mit dem Synonym *terrible* umschreiben. Klären Sie alle Verständnisfragen.
2. Laden Sie die Teilnehmer ein, die Aufgabe jeder für sich, oder wenn gewünscht auch in Partnerarbeit, zu lösen.
3. Vergleichen Sie am Schluss die Ergebnisse, indem jeweils ein Teilnehmer einen Satzanfang vorliest und die gegenüber sitzende Person den Satz vervollständigt. Diese beginnt nun ihrerseits wieder mit einem Satzanfang.
4. Lesen Sie abschließend die richtigen Kombinationen nochmals laut vor.

Lösung

1 C; 2 D; 3 E; 4 G; 5 B; 6 A; 7 F

Hinweis

– Diese Aufgabe eignet sich als Hausaufgabe.

Erweiterung

  ▶ Teaching tip Partner-/Gruppenarbeit

3.1

5. Verteilen Sie eine Kopiervorlage 3.1 pro Teilnehmer.
6. Geben Sie den Teilnehmern Zeit, sich die Schilder anzuschauen und bitten Sie sie dann, die Bedeutung der Schilder, jeder für sich, aufzuschreiben. Unterstützen Sie wo nötig.
7. Laden Sie die Teilnehmer ein, ihr Blatt mit einer anderen Person im Raum auszutauschen und die Ergebnisse zu vergleichen.
8. Diskutieren Sie mögliche Lösungen in der Gruppe und übernehmen Sie die Beispiellösungen an die Tafel.

Lösung der Kopiervorlage

1 You have to / should / must wash your hands.; 2 You should keep / be quiet. / You mustn't talk .; 3 You have to / must turn right.; 4 You mustn't / shouldn't wear a tie.; 5 You mustn't swim.; 6 You have / need to / must wear a helmet.; 7 You mustn't smoke.; 8 You mustn't take any pictures here.

08 Now you

1. Erklären Sie, dass diese Aufgabe aus zwei Teilen besteht. Im ersten Teil beschreiben die Teilnehmer Aktivitäten, die sie gegenwärtig regelmäßig, häufig oder gar nicht tun müssen. Im zweiten Teil sprechen sie über das, was sie früher einmal häufig tun mussten.

2. Lesen Sie die Anweisung in der Randspalte vor. Bitten Sie die Teilnehmer, sich den ersten Kasten in der Aufgabe anzuschauen. Stellen Sie sicher, dass alle Teilnehmer die zu verwendenden Häufigkeitsangaben kennen.

3. Bitten Sie danach einen Teilnehmer, den *Useful Language* Kasten vorzulesen. Klären Sie Verständnisfragen.

4. Beginnen Sie, indem Sie ein erstes Beispiel bilden. Sagen Sie z. B. *I always have to do the shopping. My family never does that.* Fragen Sie dann weiter: *What about you (Gertrud)?* Ermuntern Sie die Teilnehmer, sich gegenseitig zu kommentieren oder zu befragen, wenn ungewöhnliche Aussagen getroffen werden.

5. Beenden Sie die erste Runde, wenn Sie den Eindruck haben, dass alle Sätze ausgetauscht wurden.

6. Steigen Sie in den zweiten Teil der Aufgabe ein, indem Sie die Frage in der Aufgabe vorlesen. Betonen Sie nochmals, dass es jetzt darum geht, Aussagen über die Vergangenheit zu machen.

7. Übernehmen Sie *When I was younger I had to* … an die Tafel. Fordern Sie die Teilnehmer auf, sich mindestens zwei Sätze zu notieren, die mit diesen Worten beginnen. Dazu kann die *Useful Language Box* zu Hilfe genommen werden.

8. Wenn alle Teilnehmer zwei Sätze notiert haben, laden Sie sie ein, im Plenum andere Teilnehmer kreuz und quer zu befragen. Jeder Teilnehmer sollte mindestens zwei weitere Teilnehmer befragt haben. Unterstützen Sie wo nötig.

Hinweis

– Der zweite Teil der Aufgabe eignet sich sehr gut als Hausaufgabe, da viele Teilnehmer mit dem Schreiben über die eigenen Erinnerungen viel personalisiertes Vokabular aktivieren und erlernen.

Erweiterung

3.2

9. Schneiden Sie die Karten auf der Kopiervorlage 3.2 aus.

10. Jeder Teilnehmer sollte mindestens eine, höchstens drei unterschiedliche Karten erhalten. Kopieren Sie die Kopiervorlage dementsprechend häufig.

11. Erläutern Sie, dass die Teilnehmer 1–3 Karten erhalten, die sie vervollständigen sollen. Dazu kann die *Useful Language Box* in Aufgabe 08 hilfreich sein.

12. Verteilen Sie die Karten an die Teilnehmer. Halten Sie eine Karte hoch und bilden Sie selbst ein Beispiel: *(Bernd) never makes the beds.* Fordern Sie Teilnehmer auf, ihre Karten nun zu vervollständigen.

13. Sammeln Sie die ausgefüllten Karten ein und mischen Sie sie.

14. Verteilen Sie die Karten auf dem Tisch mit der beschriebenen Seite nach unten. Nehmen Sie die erste Karte selbst und lesen Sie den Inhalt vor. Fragen Sie den beschriebenen Teilnehmer zu seiner Meinung: *(Rosa), is that true?* Ermutigen Sie die anderen Teilnehmer, das Gesagte zu hinterfragen: *Why do you always go shopping on Saturday?*

15. Fordern Sie den Teilnehmer, der auf der Karte genannt wurde, auf, die nächste Karte zu ziehen, vorzulesen und den dort beschriebenen Teilnehmer zu befragen.

16. Verfahren Sie so, bis alle Karten aufgedeckt sind.

09 Wordpower

1. Erläutern Sie, dass sich diese *Wordpower* Aufgabe mit Adjektiven beschäftigt. Lesen Sie zuerst die Anweisung in der Randspalte vor und anschließend die Nomen oberhalb des ersten Teils der Aufgabe. Stellen Sie sicher, dass allen Teilnehmern die Bedeutung dieser Wörter bekannt ist.
2. Bitten Sie die Teilnehmer, jeder für sich oder in Partnerarbeit die Lücken der Sätze 1–6 auszufüllen. Unterstützen Sie wenn nötig.
3. Vergleichen Sie die Ergebnisse, indem Sie freiwillige Teilnehmer bitten, ihre Lösungen vorzulesen. Geben Sie der Gruppe die Gelegenheit, die Vorschläge zu kommentieren, bevor Sie bestätigen oder verbessern.
4. Verfahren Sie ebenso mit dem zweiten Teil der Aufgabe.

Lösung

2 thankful; 3 careful; 4 helpful; 5 useful; 6 painful; 8 endless; 9 careless; 10 useless; 11 jobless; 12 homeless

Erweiterung

5. Bilden Sie zwei Gruppen, eine *-less* und eine *-ful* Gruppe. Bitten Sie die Gruppen, gemeinsam drei Adjektive aus dem ersten bzw. dem zweiten Teil der Aufgabe zu wählen und eigene Sätze zu bilden, die sie auf einem gesonderten Zettel notieren.
6. Gehen Sie zu den Gruppen und unterstützen Sie wo nötig.
7. Laden Sie die Gruppen ein, ihre Ergebnisse untereinander auszutauschen und zu kommentieren oder schriftlich zu verbessern. Helfen Sie auch hier wenn nötig.
8. Danach gehen die Blätter wieder an ihre ursprünglichen Verfasser zurück. Die Gruppen lesen ihre jeweiligen Ergebnisse nochmals laut vor.

Hinweis

– Achtung! Die Silbe *-ful* wird hier nur mit einem *l* geschrieben.

10 Reading

1. Lesen Sie die Anweisung in der Randspalte vor. Klären Sie dabei das neue Wort *adult*, indem Sie z. B. erläutern *First we are children, then we become adults*. Unterstreichen Sie die Erklärung gestisch, indem Sie kleine und große Menschen anzeigen.
2. Lesen Sie anschließend den Text laut vor.
3. Fragen Sie nach dem Vorlesen des gesamten Textes nach der Antwort der Frage. Übernehmen Sie die drei Berufe an die Tafel und vertiefen Sie erneut die Aussprache durch Mitsprechen.

Lösung

musician; actor; writer

4. Die meisten der in den Boxen genannten Berufe in dieser Aufgabe sind neue Vokabeln. Viele Begriffe dürften sich den Teilnehmern jedoch durch das Schriftbild erschließen. Vertiefen Sie die Aussprache durch deutliches Vorlesen. Sie können viele der Berufe durch die Nennung berühmter Persönlichkeiten erläutern. Sagen Sie z. B. *George Clooney is a famous actor. David Garret is a famous musician.*
5. Gehen Sie anschließend zum zweiten Teil der Aufgabe über. Lesen Sie die Fragen 1–4 der Reihe nach durch und animieren Sie die Teilnehmer zur Diskussion. Achten Sie dabei darauf, auch ,stillere' Teilnehmer in die Diskussion mit einzubinden, indem Sie sie gegebenenfalls direkt namentlich ansprechen.

Hinweise	– Frage 3: Achtung, *false friend: sensitive* = empfindlich, sensibel; *sensible* = vernünftig, sinnvoll
	– Achtung; *photographer* wird auf der zweiten Silbe betont.
	– Bei einer lesefreudigen Gruppe animieren Sie gegebenenfalls freiwillige Teilnehmer, den Text vorzulesen.

11 Listening

08

What did Harold do for 20 years and what does he do now?

1. Lesen Sie die Anweisungen in der Randspalte vor und übernehmen Sie die Frage an die Tafel.
2. Erklären Sie, dass diese Aufgabe aus zwei Teilen besteht und die Teilnehmer nun im ersten Schritt die CD hören und dabei die Lücken in den Sätzen 1 und 2 ausfüllen.
3. Spielen Sie anschließend die CD einmal ab.
4. Fragen Sie nach den ersten Eindrücken. Kann ein Teilnehmer die Fragen schon beantworten? Bei Bedarf spielen Sie die CD ein zweites Mal ab. Sollten Sie ohne Transkript arbeiten, ist es empfehlenswert, von den neuen Wörtern den Begriff *busk* an die Tafel zu übernehmen. Fragen Sie die Teilnehmer, ob sie die Bedeutung aus dem Hören der CD heraus erinnern können. *Busk* bedeutet Straßenmusik machen.
5. Bitten Sie freiwillige Teilnehmer, ihre Lösungen vorzustellen. Geben Sie der Gruppe Gelegenheit, die Lösungen zu kommentieren, bevor Sie bestätigen und die CD nochmals abspielen.

Lösung

1 in a bank; 2 folk club

6. Gehen Sie nun zum zweiten Teil der Aufgabe über. Lesen Sie dazu die Anweisung in der Aufgabe vor. Bitten Sie die Teilnehmer anschließend, in Sitzreihenfolge die Sätze 1–12 vorzulesen. Klären Sie Verständnisfragen.
7. Spielen Sie die CD erneut ab. Die Teilnehmer hören ohne Transkript zu.
8. Vergleichen Sie abschließend die Lösungen, indem die Teilnehmer die von ihnen angekreuzten Fragen nochmals vorlesen.

Lösung

3; 5; 6; 7; 8; 9; 11; 12

Hinweis zu 4.

– Bei einer weniger fortgeschrittenen Gruppe bieten Sie den Teilnehmern an, beim Abspielen der CD das Transkript auf Seite 147 mitzulesen. Sie können dabei die CD nach eigenem Ermessen anhalten und Verständnisfragen klären.

Transcript

R = Reporter
H = Harold

08

R What was your dream job when you were at school, Harold?
H I always wanted to be a singer. My mother told me that I was singing efore I was talking, as a baby.
R Oh really! What type of music did you enjoy singing?
H I loved all types of music, but I played the guitar and I sang folk music. I remember busking with a friend to earn some extra money when I was at university.
R Busking? You mean, singing in the street?

A working life

H   That's right. It was the best holiday job I ever had! Of course my father wanted me to do something more sensible, but it was music that I loved. And lots of people gave us money so he couldn't complain!

R   Really? So, how much did you earn in your holiday job?

H   Oh, we often had over £50 after playing for an hour. On a good day!

R   So, what did you study? Did you study music?

H   No, banking.

R   Why?

H   Huh! Very good question. My father was a banker, and his father before him. It was … in the family, so to speak.

R   Can you remember your first job, in a bank?

H   Oh yes, I worked in a High Street bank in Swindon. Those were the days before internet banking, so people came in to get cash, or to pay money into the bank. Nothing very exciting.

R   How many hours did you have to work?

H   I had to start at eight and I finished at four. Six days a week.

R   How much did you get in your first job?

H   I can't remember, but it was good money. A sensible, boring job. I hated it.

R   I see. How long did you work there?

H   From the age of 25 until I was 45. Twenty years, that's a long time.

R   Why did you leave?

H   Because twenty years is a long time! The days of working for the same company for your whole life are no more. People can now think about doing something completely different. I decided I wanted to leave the bank and open a folk club.

R   Wow – that certainly was something completely different! And so what happened when you left? Did you start singing in your club?

H   Well, it's a long story but, yes I did. I …

---

12   Round up

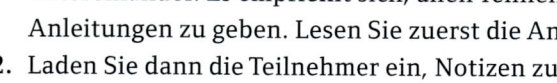

1. Die Aufgabe 12 ermutigt die Teilnehmer zu einem Erfahrungsaustausch untereinander. Es empfiehlt sich, allen Teilnehmern Sicherheit durch klare Anleitungen zu geben. Lesen Sie zuerst die Anleitung in der Randspalte vor.

2. Laden Sie dann die Teilnehmer ein, Notizen zu ihren ersten Jobs oder auch Urlaubsjobs zu machen. Gehen Sie herum und unterstützen Sie wo nötig.

3. Die *Useful Language Box* liefert nützliche Vokabeln für die Gruppenarbeit. Bitten Sie einen freiwilligen Teilnehmer, die Ausdrücke in der Box vorzulesen. Weisen Sie die Teilnehmer auch nochmals auf die Informationen aus Aufgabe 11 hin, die beim Austausch von Fragen helfen können. Bitten Sie die Teilnehmer, die Sprechblasen als Beispiele durchzulesen.

4. Beginnen Sie die Partnerarbeit, indem Sie selbst einen Teilnehmer ansprechen. Sagen Sie z. B. *I once worked in a supermarket, what about you?* Sie können natürlich auch eine authentische Tätigkeit angeben, sofern die Teilnehmer den Begriff dafür kennen oder leicht verstehen können. Die Teilnehmer befragen nun ihren Nachbarn nach seinen bisherigen Joberfahrungen und notieren diese auf dem Notizzettel im Buch.

5. Beginnen Sie die Arbeit im Plenum, indem Sie die Teilnehmer auffordern, der Gruppe zu berichten, was sie im Gespräch erfahren haben. Der Teilnehmer, über den berichtet wurde, fährt seinerseits fort, zu erzählen.

Erweiterung

6. Sammeln Sie im Anschluss an die Befragung gemeinsam mit den Teilnehmern alle genannten Jobs an der Tafel. Gibt es einen Job, der besonders häufig genannt wird? Welche Tätigkeit ist die spannendste oder ungewöhnlichste? Gibt es einen Job, den die Teilnehmer vielleicht heute noch einmal gerne übernehmen würden?

Hinweis zu 3.

– Sollten Sie die Aufgabe 12 nicht unmittelbar im Anschluss an die Aufgabe 11 durchführen, empfiehlt es sich, die Fragen in Aufgabe 11 als Vorbereitung nochmals gemeinsam durchzulesen.

Ideenpool

▸▸ **Aufgabe 01**

1. Stellen Sie auf einem Flipchartblatt oder an der Tafel gemeinsam eine Liste der unbeliebtesten Tätigkeiten auf. Schreiben Sie als Titel z. B. *Terrible Jobs*. Können Sie eine Tätigkeit ausmachen, die wirklich niemand gerne macht? Warum?
2. In der Diskussion könnten noch weitere beliebte oder unbeliebte Haushaltsaufgaben auftauchen. Hier einige nützliche Ausdrücke:
staubsaugen – *to hoover*; Staub wischen – *to dust*; Gardinen waschen – *to wash the curtains*; das Bad putzen – *to clean the bathroom*; den Rasen mähen – *to mow the lawn / to cut the grass*

▸▸ **Aufgabe 10**

1. Die Frage *What was your dream job when you were at school?* lässt sich gut zu einem Ratespiel nutzen. Bitten Sie dazu die Teilnehmer, ihre Kindertraumberufe auf Karteikarten zu schreiben. Dies kann auf Deutsch oder Englisch geschehen.
2. Sammeln Sie anschließend die Karten ein und mischen Sie diese. Erklären Sie, dass die Teilnehmer nun jeweils eine Karte ziehen und erraten sollen, welche Person im Kurs den genannten Beruf als Traumberuf hatte. Fragen Sie z. B. *Who do you think wanted to do the job you have on your card?*
3. Machen Sie bei dem Spiel mit und ziehen Sie die erste Karte. Lesen Sie den Beruf laut vor. Stellen Sie eine Vermutung an, wer diesen Beruf gewählt haben könnte. Sagen Sie z. B. *I think, (Susanne) wanted to become a (doctor). Am I right?*
4. Der Befragte antwortet und macht nun mit seiner Karte weiter.
5. Sammeln Sie neue Berufe mit ihren Übersetzungen an der Tafel.

Hausaufgaben

Extra Practice Reminder:

☐ p._____ No. _____ _____ _____

☐ p._____ No. _____ _____ _____

☐ p._____ No. _____ _____ _____

☐ _____

☐ _____

Lernziele

Tower Bridge
Momument tot he Great Fire of London
Palace of Westminster and Big Ben
The London Eye

Sehenswürdigkeiten positiv beschreiben; Informationen einholen; Adjektive vergleichen

1. Erklären Sie, dass das zweite Video (Film 2) einige Sehenswürdigkeiten einer berühmten Stadt zeigt. Spielen Sie das Video bis 0:44 ab und stoppen Sie hier.
2. Das Video befasst sich mit vier Sehenswürdigkeiten in London: *Intro: 0:00–0:50; Tower Bridge: 0:51–1:54; Monument to the Great Fire of London: 1:55–2:15; Palace of Westminster and Big Ben: 2:16–3:35; The London Eye: 3:36–end.* Übernehmen Sie die Namen an die Tafel. Fragen Sie *Do you know anything about these sights? Have you ever visited them?* Sammeln Sie das Vorwissen der Teilnehmer auf Zuruf.
3. Spielen Sie den Film anschließend bis zum Ende ab.
4. Sammeln Sie erste Eindrücke auf Zuruf: *How did you like the tour? What do you remember about the sights?*
5. Geben Sie den Teilnehmern die Aufgabe, bei einem zweiten Durchgang mindestens fünf Adjektive zu notieren, mit denen die Tourleiterin Ella die Sehenswürdigkeiten beschreibt. Spielen Sie den Film ein zweites Mal ab.
6. Die Teilnehmer rufen die Adjektive, die Sie anschließend an der Tafel notieren.

Beispiellösung

busy; famous; funny; well-known; great; biggest; most sophisticated; most exciting; amazing; top; not especially attractive; best; largest; iconic; unsuccessful; free; fabulous; most popular; (very) slow; incredible; must-do; clear; very popular

7. Bitten Sie die Teilnehmer, die fehlenden Grund- und Steigerungsformen der Adjektive zu nennen. Fragen Sie zur Wiederholung: *Do you remember the rule about how to compare adjectives?*
8. Sammeln Sie die Ergebnisse auf Zuruf.
9. Teilen Sie die Teilnehmer in vier Gruppen ein, teilen Sie je einer Gruppe eine Sehenswürdigkeit Londons zu. Bitten Sie die Gruppen, sich zu überlegen, welche weiteren Fragen sie ihrer Tourleiterin Ella zu den Sehenswürdigkeiten stellen würden. Spielen Sie das Video ein drittes Mal ab.
10. Die Teilnehmer lesen ihre Fragen vor.
11. Machen Sie aus den Fragen eine Recherche-Aufgabe für jede Gruppe und bitten Sie die Gruppen, die Antworten auf die für sie spannendsten Fragen zu recherchieren und ihre Ergebnisse in der nächsten Stunde zu präsentieren.

Background

02:00: Das *Great Fire of London* wütete vom 2.–6. September 1666 in London. Es zerstörte ca. 4/5 der *City of London*.

03:26: Das englische Parlament besteht aus einem *House of Commons* (Unterhaus) und einem *House of Lords* (Oberhaus). Die Mitglieder des HoC werden gewählt, die weltlichen adeligen Mitglieder des HoL werden lebenslänglich ernannt. Seit 2007 gibt es Bestrebungen, dies zu ändern.

03:39: Das Reiterstandbild zeigt Richard Löwenherz.

Hinweise

– Auf Seite 127 finden Sie die *Video Exercises*, die eigenständig oder zu Hause gelöst werden können, (Lösung *1 A; 2 C; 3 C; 4 C; 5 C; 6 B*)
– Bei einer lernschwächeren Gruppe nutzen Sie die Untertitel des Videos.

Consolidation

Consolidation Units bieten Ihnen die Möglichkeit, Wortschatz und Grammatik aus den vorangegangenen Units zu vertiefen, aufzufrischen und zu erweitern.

Lernziele	• Wiederholen und Vertiefen der Lernziele aus Unit 1–3 • Über Schlafgewohnheiten sprechen
Grammatik	• *Be/get used to*
Materialien	• Aufgabe 06: Kopiervorlage 4.1, eine Kopie pro Teilnehmer • Aufgabe 07: Zwei Kärtchen pro Teilnehmer

Picture

1. Schauen Sie sich mit den Teilnehmern das Foto an. Fragen Sie die Gruppe zum Einstieg in das Thema z. B. *Do you usually sleep well? Do you sleep well in hotels? Do you have any tips for people with sleeping problems? Can you sleep on a plane? Can you sleep when someone else is driving the car? How many hours of sleep per night do you need? Do you sleep later at the weekend?*
2. Sammeln Sie Antworten per Zuruf und besprechen Sie diese in der Gruppe.

01 **Warm up**

1. Lesen Sie die Anweisung in der Randspalte vor. Erklären Sie das neue Wort *habit*, indem Sie z. B. sagen: *For example, my habit is drinking a cup of coffee every morning. It's a habit, I do this regularly.*
2. Bitten Sie anschließend einen Teilnehmer, den Text im Kasten vorzulesen. Erklären Sie die Wörter *owl* und *lark*, indem Sie auf die Bilder in der Randspalte verweisen und die Teilnehmer nach den Namen der Vögel fragen. Erklären Sie dann, indem Sie auf das jeweilige Bild verweisen: *This is an owl, and this is a lark.* Schreiben Sie *lark= Lerche* an und *owl*. Klären Sie Verständnisfragen.
3. Lesen Sie anschließend die Anweisung *Ask and answer* vor und bitten Sie freiwillige Teilnehmer, die vier Fragen vorzulesen. Verfahren Sie ebenso mit den Aussagen in den Sprechblasen.
4. Laden Sie nun die Teilnehmer ein, ihren Sitznachbarn zu befragen. Nehmen Sie aktiv an der Befragung teil.
5. Bitten Sie die Teilnehmer anschließend, in der Gruppe über ihren Partner zu berichten.

02 Text

09

1. Lesen Sie den Text in der Randspalte vor und übernehmen Sie die Frage *What are the jobs?* an die Tafel.
2. Spielen Sie die CD einmal ab. Schwächere Lerner können dabei den Text mitlesen.
3. Fragen Sie nach den ersten Eindrücken. Kann jemand schon die Lösung nennen? Übernehmen Sie alle Nennungen an die Tafel. Spielen Sie anschließend die CD ein zweites Mal ab.
4. Fragen Sie erneut nach den drei gesuchten Berufen und übernehmen Sie die korrekten Lösungen an die Tafel oder markieren Sie schon genannte korrekte Lösungen.

Lösung

> *disc jockey; police officer; doctor*

> *He never got used to working at night.*

5. In dem Text kommen viele neue Vokabeln vor. Klären Sie daher Verständnisfragen. Ungewohnt ist für viele Teilnehmer sicherlich *be/get used to + -ing*. Übernehmen Sie den Satz aus der Randspalte an die Tafel. Versuchen Sie die Bedeutung zu erläutern, indem Sie ein Beispiel über eine eigene Gewohnheit bilden. Sagen Sie z. B. *At school I never got used to waking up early. I was an owl. Now I'm used to getting up early.* Stellen Sie sicher, dass die Teilnehmer das Verb *use* nicht mit ‚benutzen' gleichsetzen. *Be used to + -ing* wird auch in den Grammatikseiten im Punkt 9 auf Seite 141 erläutert.
6. Spielen Sie die CD abschließend zur Vertiefung erneut ab.

03 Quick check

1. Bitten Sie einen Teilnehmer, die Anweisung in der Randspalte vorzulesen.
2. Laden Sie die Teilnehmer ein, diese Aufgabe jeder für sich zu lösen. Unterstützen Sie wo nötig.
3. Lassen Sie nacheinander die Sätze mit den eingekreisten Lösungen vorlesen.
4. Geben Sie der Gruppe Zeit, die Lösungen zu kommentieren, bevor Sie bestätigen oder verbessern.

Lösung

> *1 didn't find; 2 all the time; 3 some; 4 sometimes*

Hinweis

> – Der Satz 4 enthält das neue Wort *junior*, dessen Bedeutung die Teilnehmer intuitiv erschließen können. Sie können zur Erklärung auf den synonymen Ausdruck *young doctors* im Text verweisen. Stellen Sie die richtige Aussprache sicher.

04 Talk about the text

1. Bitten Sie die Teilnehmer, sich die Fragen 1–5 durchzulesen. Klären Sie Verständnisfragen. Laden Sie dann einen Teilnehmer ein, die erste Frage vorzulesen. Verfahren Sie ebenso mit den Fragen 2–4.
2. Ermutigen Sie die Gruppe, Antworten zu suchen. Übernehmen Sie die Antworten, sofern gewünscht, an die Tafel.
3. Lesen Sie die Frage 5 selbst vor. Sie können diese Frage ebenfalls in der Gruppe diskutieren oder auch als Gruppenarbeit in Zweiergruppen besprechen.

4. Übernehmen Sie ein + und - Zeichen an die Tafel. Laden Sie die Teilnehmer ein, Gründe für oder gegen die Nachtarbeit in Kurzform in der jeweiligen Kategorie an der Tafel zu notieren. Gibt es in der Gruppe eine eindeutige Meinung?

Beispiellösung

1 Because it is light and noisy.; 2 You can do your work in peace. Sometimes you earn more money.; 3 It makes it very difficult.; 4 Health problems, including a higher risk of cancer and heart disease.

Hinweis

– Die Frage 5 eignet sich gut als Hausaufgabe.

05 LANGUAGE

▶ Grammatikseite 142

1. Bitten Sie die Teilnehmer, sich die Sätze in der *Language Box* durchzulesen.
2. Erläutern Sie, dass wenn zwei Verben aufeinanderfolgen, einige Verben von der *-ing* Form eines anderen Verbs gefolgt werden und andere von der Grundform eines Verbs mit *to*. Welche Form welchem Verb folgt, lernt man am besten auswendig.
3. Übernehmen Sie folgendes Bild an die Tafel:

verb + to + verb	verb + verb-ing
try to	enjoy
need to	suggest

4. Bitten Sie freiwillige Teilnehmer, jeweils einen weiteren Beispielsatz mit den aufgeführten Formen zu bilden.
5. Fragen Sie, ob die Teilnehmer noch andere Verben kennen, die sie in die *to*- oder *ing*-Spalte an der Tafel einordnen können. Laden Sie die Teilnehmer ein, die Wörter selber an der Tafel zu notieren.

verb + to + verb	verb + verb-ing
decide	miss
hope	look forward to
want	like / love / hate

Hinweis

– Belassen Sie das Tafelbild wenn möglich für die Aufgabe 06 an der Tafel.

06 Practice

1. Lesen Sie die Anweisung in der Randspalte vor und bitten Sie zwei freiwillige Teilnehmer, die ersten Beispielsätze vorzulesen.
2. Bitten Sie die Teilnehmer, die Aufgabe jeder für sich zu lösen und sich dabei mit einem Sitznachbarn zu besprechen.
3. Vergleichen Sie die Lösungen, indem Sie die vervollständigten Sätze in Sitzreihenfolge vorlesen lassen. Geben Sie der Gruppe die Gelegenheit, die Lösungen zu diskutieren, bevor Sie selbst bestätigen oder korrigieren.

Lösung

3 to sleep; 4 seeing; 5 to stay; 6 changing; 7 to do; 8 to take; 9 making; 10 to change

Erweiterung

Erweiterung

4.1

▶ Teaching tip
Partner-/Gruppen-
arbeit

4. Bitten Sie die Teilnehmer, die Verben aus Aufgabe 06 in das Tafelbild mit der *to-* und der *ing-*Spalte aus Aufgabe 05 einzutragen. Es kann nützlich sein, das Tafelbild in das Buch zum Nachschauen zu übertragen.

5. Laden Sie die Teilnehmer ein, ein gemeinsames englisches Event zu planen.

6. Verteilen Sie eine Kopiervorlage 4.1 pro Teilnehmer. Bilden Sie Zweiergruppen.

7. Lesen Sie die Einleitung vor und geben Sie den Teilnehmern Zeit, die Verben in den zwei Kästen zu lesen. Klären Sie Verständnisfragen.

8. Laden Sie die Teilnehmer ein, mindestens fünf Vorschläge für die gemeinsame Veranstaltung aufzuschreiben. Dabei muss pro Satz immer ein Verb aus dem rechten Kasten mit einem Verb aus dem linken Kasten verknüpft werden.

9. Bitten Sie einen Teilnehmer, den Beispielsatz vorzulesen.

10. Geben Sie den Gruppen ausreichend Zeit, ihre Ideen aufzuschreiben. Gehen Sie herum und unterstützen Sie. Notieren Sie sich ebenfalls fünf Vorschläge.

11. Bitten Sie abschließend die Gruppen, ihre Vorschläge vorzulesen. Ein Teilnehmer schreibt die Vorschläge als Notizen an der Tafel mit. Geben Sie der Gruppe die Gelegenheit, auf die Vorschläge zu reagieren, bevor Sie bestätigend oder korrigierend eingreifen.

12. Prämieren Sie die besten Vorschläge.

Hinweis

– Bei einer Gruppe mit mehr als acht Teilnehmern bilden Sie Dreier- oder Vierergruppen, die jeweils sieben Sätze schreiben.

07 LANGUAGE

▶ Grammatikseite 141

1. Lesen Sie die Beispiele in der *Language Box* laut vor.

2. Es kann nützlich sein, für die Unterscheidung zwischen *be used to* und *got used to* die Grammatikerläuterungen unter Punkt 9 auf Seite 141 zu Hilfe zu nehmen und mit den Teilnehmern durchzulesen. Greifen Sie zur Klärung hier gegebenenfalls auf die deutsche Entsprechung zurück: *get used to* + *ing-*Form = ‚sich an etwas gewöhnen' ≠ *be used to* + *ing-*Form = ‚an etwas gewöhnt sein'. Weisen Sie darauf hin, dass auf beide Formen Verb + *ing* folgt.

3. Schreiben Sie im Vorfeld Karten mit *I am used to …* und *At work I got used to …* Verteilen Sie an jeden Teilnehmer zwei Karten, die diese dann vervollständigen. Behalten Sie zwei Karten zurück.

4. Sammeln Sie anschließend die Karten ein, mischen Sie sie und legen Sie sie mit dem Gesicht nach unten auf den Tisch. Platzieren Sie an der Seite die zwei Karten mit der Schrift nach oben.

5. Bitten Sie die Teilnehmer reihum, eine Karte zu ziehen und laut vorzulesen. Geben Sie der Gruppe und dem Teilnehmer Zeit, darüber nachzudenken, ob der Text korrekt ist, bevor Sie verbessern oder bestätigen. Fragen Sie anschließend *Who do you think wrote that card?* Können die Teilnehmer den Schreiber herausfinden? Legen Sie die Karte anschließend unter die dementsprechende Karte am Rand.

6. Verfahren Sie so, bis alle Karten auf dem Tisch liegen.

08 Practice

1. Bitten Sie die Teilnehmer, die Anweisung in der Randspalte durchzulesen. Betonen Sie, dass es hier ausschließlich um das Eintragen einer *-ing* Form geht.
2. Die Teilnehmer lesen die Verben in dem Kasten durch. Klären Sie Verständnisfragen.
3. Die Teilnehmer können die Aufgabe jeder für sich oder wenn gewünscht in Zweiergruppen lösen.
4. Vergleichen Sie die Lösungen abschließend, indem ein freiwilliger Teilnehmer seine erste Lösung vorliest. Geben Sie auch hier zuerst der Gruppe die Gelegenheit, die Lösung zu kommentieren, bevor Sie dies tun.
5. Ermuntern Sie den ‚Vorleser', die nächste Person auszusuchen, die Satz 2 übernimmt und verfahren Sie so, bis alle Lücken gefüllt sind.

Lösung

2 driving; 3 sleeping; 4 sitting; 5 getting; 6 living; 7 spending; 8 travelling; 9 doing

Hinweis

– Der Ausdruck *a nice change* in Satz 4 ist neu, lässt sich aber leicht aus dem Zusammenhang erschließen. Sagen Sie z. B. *A nice change is something special, something wonderful that you didn't expect or that you are not used to having.*

09 Wordpower

1. Lesen Sie zunächst die Erklärung in der Randspalte vor und stellen Sie sicher, dass die Teilnehmer diese verstehen. Erklären Sie das neue Wort *opposite*, indem Sie ein Gegensatzpaar nennen: *Hot is the opposite of cold.*
2. Übernehmen Sie das Vorlesen der Adjektive in dem Kasten, da hier einige neue Wörter eingeführt werden. Sie können die neuen Wörter z. B. so erklären: *I'm available today. I'm here in class.* Setzen Sie sich auf einen Stuhl und stellen Sie pantomimisch das Wort *comfortable* dar.
3. Bitten Sie die Teilnehmer nun, jedem Adjektiv einmal mündlich die Silbe *un-* voranzustellen und vorzulesen und anschließend die Sätze mit den dementsprechenden Adjektiven zu vervollständigen.
4. Laden Sie die Teilnehmer abschließend ein, ihre Lösungen reihum vorzulesen. Ermutigen Sie andere Teilnehmer, die Lösungen zu kommentieren oder zu verbessern, bevor Sie dies tun.

Lösung

2 uncomfortable; 3 unhealthy; 4 unlucky; 5 unclear; 6 unavailable; 8 unreal

Hinweis

– Auf Nachfrage können Sie den Unterschied zwischen dem englischen *comfortable* und dem deutschen ‚komfortabel' so erläutern: *comfortable* entspricht dem deutschen ‚bequem'. ‚Komfortabel' im Sinne von großzügig ausgestattet entspricht *luxurious*.

10 Practice

1. Bitten Sie einen Teilnehmer, die Anweisung in der Randspalte vorzulesen. Erläutern Sie, dass es in dieser Aufgabe darum geht, die vorgegebenen Sätze mit Hilfe der Wörter in Klammer so umzuformulieren, dass die Aussage erhalten bleibt.

Consolidation

2. Die Teilnehmer schauen sich dazu zu Beginn die Wörter in Klammern an. Schreiben Sie *mustn't* an die Tafel. Fordern Sie die Gruppe auf, einen Satz mit *mustn't* zu bilden. Stellen Sie sicher, dass allen Teilnehmer die Bedeutung und der Unterschied zu *must* in Erinnerung sind. Sie können dazu die Grammatikerläuterungen im B-Teil von Punkt 7 auf Seite 140 zu Rate ziehen.
3. Schreiben Sie anschließend *mustn't = not allowed to* an die Tafel.
4. In Satz 6 wird der Ausdruck *be careful* eingeführt. Sie können den Begriff umschreiben, indem Sie z. B. sagen *You should be careful when you cross the street.*
5. Bitten Sie die Teilnehmer, die Aufgabe jeder für sich oder, wenn gewünscht, im Austausch mit einem Nachbarn zu lösen.
6. Vergleichen Sie die Ergebnisse, indem die Teilnehmer nacheinander die Lösungen vorlesen. Bestätigen Sie oder korrigieren Sie abschließend.

Lösung

2 We must remember the address.; 3 It might rain tomorrow.; 4 You should go to bed if you're tired.; 5 We could take a taxi.; 6 You mustn't break the glass.

Hinweis

–   In Satz 5 heißt es: I *suggest we take* … Nach *suggest* kann auch ein Teilsatz folgen. Dies entspricht dem Deutschen ‚Ich schlage vor, wir nehmen …'

11 Listening

10

1. Fordern Sie die Teilnehmer auf, die Anweisung in der Randspalte durchzulesen.
2. Erklären Sie, dass sie nun ein Gespräch zwischen Paul und Rachel hören werden, währenddessen sie entscheiden, welches Bild Paul zeigt. Spielen Sie die CD ab.
3. Sammeln Sie erste Eindrücke und fragen Sie, ob jemand schon das richtige Bild nennen kann.

Lösung

B

security guard

4. Fragen Sie, ob jemand auch den Beruf gehört hat, der in dem Gespräch für Paul genannt wurde. Übernehmen Sie die Lösung an die Tafel: *security guard*. Erklären Sie das Wort z. B., indem Sie sagen: *A security guard looks after empty buildings during the night. He makes sure everything is ok.*
5. Gehen Sie nun zum zweiten Teil der Aufgabe über. Erläutern Sie, dass die Teilnehmer die CD ein weiteres Mal hören werden und währenddessen die richtigen Ausdrücke markieren.
6. Geben Sie den Teilnehmern Zeit, die Sätze 1–8 durchzulesen. Klären Sie Verständnisfragen.
7. Spielen Sie die CD erneut ab.
8. Schauen Sie sich mit den Teilnehmern anschließend das Transkript auf Seite 148 an. Die Teilnehmer gleichen ihre Lösungen ab und besprechen sich dazu mit einem Nachbarn.
9. Bitten Sie abschließend freiwillige Teilnehmer, die vervollständigten Sätze vorzulesen.

Lösung

1 seven; 2 twelve; 3 once worked; 4 quiet; 5 worst; 6 morning; 7 easier; 8 sandwiches

Erweiterung

Transcript

R = Rachel
P = Paul

10

10. Spielen Sie die CD nochmals ab.
11. Laden Sie die Teilnehmer abschließend ein, das Transkript mit verteilten Rollen vorzulesen.

R Where do you work, Paul?
P At the factory. I'm a security guard. It's not a bad job. I work nights.
R Oh really? What's it like working at night? Do you enjoy it?
P It's OK. Advantages and disadvantages, you know. I don't have much of a social life because I start work at seven in the evening.
R I can see that might be a problem, if you're never free in the evenings. What time do you finish?
P Seven in the morning. It's a twelve-hour shift.
R That's a long time. Do you work alone?
P Yeah, just me. That can be a bit boring. There isn't much to do. In my last job I worked in the day time, and it was very busy, lots of people around. It's very different at night, so quiet. I walk around, see that everything is OK, sit in the office, make a cup of coffee. It's not bad. I'm used to it. The worst time is about three o'clock. That's when you feel really alone. It really is the worst time of the night.
R And so when do you sleep?
P When I get home in the morning. I'm in bed at eight, and I sleep to about two. Luckily I get home before the roads are really busy. That's one of the advantages. I don't have to travel at the busiest times. So it's an easy journey.
R And when do you eat?
P In the afternoon. And I take sandwiches to work. Doctors say you shouldn't eat at night, but I need to eat something. I often feel I'd like something sugary or maybe chocolate, but they say sweet things are bad for you, so I try not to.

Ideenpool

▸▸ **Aufgabe** 01

What does an owl's / a lark's Monday look like and what does a Saturday look like?

Hinweis

1. Bilden Sie zwei Gruppen, ein *owls team* und ein *larks team*. Übernehmen Sie die Frage aus der Randspalte an die Tafel.
2. Geben Sie den Gruppen Zeit, diese Tage zu beschreiben. Gehen Sie herum und unterstützen Sie wo nötig.
3. Die Gruppen tragen anschließend ihre Beschreibungen vor. Laden Sie die Zuhörer ein, Fragen zu stellen oder zu kommentieren.

– Sollten Sie nur *owls* oder *larks* in Ihrer Gruppe haben, bilden Sie dennoch zwei Teams und geben dieselbe Aufgabenstellung. Vergleichen Sie am Ende die Beschreibungen der Gruppen gemeinsam mit den Teilnehmern. Gibt es etwas, was allen *owls* oder *larks* gemeinsam ist?

➡️ Aufgabe 08

> I'm (not) used to doing
> everything online, because ...

1. Nutzen Sie die Aussage in Satz 9 *I'm not used to doing everything online.* für eine Diskussionsrunde, in die auch meinungsbildende Ausdrücke aus der *Useful Language Box* in Aufgabe 08 aus Unit 1, Seite 13, einfließen können.
2. Übernehmen Sie dazu den Satz aus der Randspalte an die Tafel.
3. Lesen Sie den Satz laut vor und vervollständigen Sie ihn in seiner positiven oder negativen Form so, dass er für Sie zutrifft. Ermuntern Sie einen anderen Teilnehmer, über seine Gewohnheiten zu berichten. Fragen Sie z. B. *What do you think (Doris)? Are you used to doing everything online?*
4. Ergibt sich am Ende ein einheitliches Bild? Fragen Sie die Gruppe danach, ob es einen Unterschied gibt zwischen Stadt- und Landbewohnern, Männern und Frauen, den Generationen? Sammeln Sie Antworten auf Zuruf.

Beispiellösung

I'm used to doing everything online because I live in the countryside and the next bank or shopping centre is far away.; I'm not used to doing everything online because I think the internet is not safe. I like going to town and speaking to real people.

What have I learned in Units 1–4?

In dieser Rubrik können sich Ihre Teilnehmer selbst testen, ihren Lernstand überprüfen und eventuellen Übungsbedarf herausfinden.

Lösung

1 calling; 2 reason; 3 aid; 4 to; 5 shouldn't; 6 working; 7 have to; 8 off; 9 colleage; 10 until; 11 to; 12 did; 13 has; 14 don't; 15 had to

Meeting people

5

Lernziele

- Menschen kennen lernen
- Über Liebesgeschichten sprechen
- Über Partnersuche sprechen
- Über Freundschaft sprechen
- Aussehen beschreiben
- Eine Geschichte erzählen

Grammatik

- Wiederholung der Verlaufsform der Vergangenheit
- Einfache Vergangenheit – Verlaufsform der Vergangenheit

Materialien

- Aufgabe 07: Kopiervorlage 5.1, ein Satz ausgeschnittener Karten
- Aufgabe 10: Kopiervorlage 5.2, ausschneiden, Befestigungsmaterial

Picture

1. Schneiden Sie die Fotos einer Kopie von Seite 50 aus.
2. Bilden Sie vier Gruppen und lassen Sie jede Gruppe ein Foto ziehen.
3. Geben Sie den Teilnehmern Zeit, gemeinsam über die Personen auf ihrem Foto Vermutungen anzustellen. Geben Sie dazu z. B. die folgenden Fragen als Anregungen vor: *Where do you think the people in your photo are meeting? What are they doing? Do you think they know each other well? What do they look like?*
4. Laden Sie die Gruppen anschließend ein, den anderen Gruppen ihre Vermutungen zu berichten.
5. Die Teilnehmer schlagen anschließend die Seite 50 auf und versuchen, die Fotos den Beschreibungen der Gruppen zuzuordnen. Welche Gruppe hatte welches Foto?
6. Abschließend legen die Gruppen ihre Fotos offen.

01 **Warm up**

1. Bitten Sie die Teilnehmer, die Aufgabenstellung und die Wörter der Wortspinne durchzulesen. Klären Sie Verständnisfragen.
2. Übernehmen Sie die Wortspinne gegebenenfalls an die Tafel. Sammeln Sie die Ideen der Teilnehmer durch Zuruf. Weitere Ideen könnten sein: *on a holiday, on the bus, in the gym, at the dance class, at work*. Die Teilnehmer können weitere Ideen auch gemeinsam selbst an der Tafel eintragen.

3. Lesen Sie dann die beiden Sprechblasen vor. Neu ist hier *walking the dog*. Erklären Sie die Begriffe einfach, indem Sie auf die entsprechenden Fotos zeigen.

4. Erweitern Sie die erste Sprechblase so, dass sie für Sie stimmig wird und fragen Sie einen Teilnehmer: *What about you (Jürgen)? Where did you get to know your best friend?* Fordern Sie die Teilnehmer auf, einem Partner zu berichten.

5. Fragen Sie abschließend nach, ob sich in den Gesprächen noch weitere Ideen ergeben haben, die in Wortspinne eingetragen werden könnten.

---

02 Text

11

1. Bitten Sie die Teilnehmer, die Anweisung in der Randspalte durchzulesen. Erläutern Sie, dass es in dieser Übung darum geht, die einzelnen Textteile zu verstehen und dann in die richtige Reihenfolge zu bringen.

2. Laden Sie die Teilnehmer ein, den Text still zu lesen. Unterstützen Sie bei Nachfragen an den entsprechenden Stellen, indem Sie die korrekte Aussprache vorgeben.

3. Geben Sie den Teilnehmern nach dem Lesen Zeit, die Textabschnitte erneut durchzusehen und die richtige Reihenfolge herauszufinden. Dazu können Sie sich mit dem Nachbarn besprechen.

4. Kündigen Sie anschließend an, dass die Teilnehmer den gesamten Text in der richtigen Reihenfolge von der CD hören werden. Spielen Sie anschließend die CD einmal ab.

5. Vergleichen Sie die Lösungen der Teilnehmer in der Gruppe. Übernehmen Sie die richtige Lösung an die Tafel.

Lösung

1 B; 2 E; 3 A; 4 D; 6 C

---

03 Quick check

1. Geben Sie den Teilnehmern Zeit, die Aufgabenstellung zu lesen.

2. Bitten Sie freiwillige Teilnehmer, die fünf Fragen vorzulesen. Klären Sie Verständnisfragen.

3. Die Teilnehmer lösen die Aufgabe jeder für sich.

4. Bitten Sie abschließend freiwillige Teilnehmer, ihre Lösungen vorzulesen. Fragen Sie gegebenenfalls nach: *Where in the text did you find the answer?* Stellen Sie sicher, dass alle Teilnehmer die richtige Lösung mit Hilfe des Textes in 02 nachvollziehen können.

Lösung

1 Joanna; 2 Mitch; 3 Joanna; 4 Mitch; 5 Joanna and Mitch

---

04 Talk about the text

1. Die Beantwortung der ersten drei Fragen dieser Aufgabe können die Teilnehmer dem Text direkt entnehmen. Die Fragen 4 und 5 sind Diskussionsfragen. Bitten Sie die Teilnehmer, die Fragen 1–3 jeder für sich zu beantworten und dann mit einem Nachbarn zu besprechen.

2. Sammeln Sie die Antworten zu den Fragen 1–3 durch verschiedene Teilnehmer in der Gruppe.

Beispiellösung

1 She was bored.; 2 It was for school. In his geography lessons he was learning about ocean currents.; 3 It was three years later and the answer came from a girl in England.

3. Laden Sie die Teilnehmer ein, die Fragen 4 und 5 in Dreiergruppen zu diskutieren. Gehen Sie herum und unterstützen Sie wo nötig.
4. Bitten Sie die Gruppen anschließend, die spannendste Geschichte in ihrer jeweiligen Gruppen auszuwählen.
5. Die Gruppen können sich anschließend die jeweils ‚prämierte' Geschichte nacheinander erzählen.

05 LANGUAGE

▶ Grammatikseite 137

1. Erläutern Sie, dass es in dieser *Language Box* um zwei Vergangenheitszeitformen geht. Bitten Sie vier Teilnehmer, in Paaren die Frage- und Antwortsätze in dem Kasten vorzulesen. Zur Vertiefung können Sie den C-Teil der Grammatikerläuterungen auf Seite 137 zu Rate ziehen.
2. Verweisen Sie auch auf *when*, das häufig als Einleitung des Satzteils gebraucht wird, der den Vorgang von kurzer Dauer beschreibt.
3. Gehen Sie nochmals zurück zu dem Text in 02 auf Seite 51. Bitten Sie die Teilnehmer, alle Sätze zu markieren, in denen das *past simple* und das *past continuous* verwendet werden. Weisen Sie daraufhin, dass in Teil D keine der besprochenen Formen verwendet wird.
4. Bitten Sie einzelne Teilnehmer, die gefundenen Sätze vorzulesen.

Lösung

Text A: At the time, he was learning about ocean currents in his geography lessons, and every boy in his class threw a bottle into the sea to see where it landed.
Text B: The sun was shining, her little sister was in and out of the water, but Joanna remembers, "I wasn't feeling very happy – and I didn't want to swim that day."
Text C: When I first saw Mitch in real life, he was waiting for me at the airport.
Text E: She was walking along the beach when her bare foot suddenly hit something hard.

Erweiterung

When I came into the room, X was …

5. Bitten Sie einen oder mehrere Teilnehmer, den Raum zu verlassen. Vorher erhalten diese Teilnehmer den Auftrag, genau zu beobachten, was die übrigen Teilnehmer tun, wenn sie den Raum wieder betreten.
6. Die im Raum verbliebenen Teilnehmer denken sich je eine Tätigkeit aus und ‚mimen' diese für etwa 30 Sekunden, sobald die anderen zurückkommen.
7. Die zurückgekehrten Teilnehmer bilden nun Sätze, die mit dem Satzbeginn aus dem Tafelbild beginnen. Übernehmen Sie dazu den Satzanfang an die Tafel. Bilden Sie den ersten Beispielsatz selbst: *When you came back into the room, (Uwe) was cleaning his shoes.*

06 Practice

1. Bitten Sie einen Teilnehmer, die Anweisung in der Randspalte vorzulesen.
2. Übernehmen Sie den neuen Ausdruck **to stay with somebody** aus Satz 6 an die Tafel. Erklären Sie z. B. *When you stay with a friend you usually spend the night at their house.*
3. Die Teilnehmer können die Aufgabe jeder für sich lösen und sich bei Nachfragen mit einem Nachbarn besprechen.
4. Ein Teilnehmer liest anschließend den ersten vervollständigten Satz vor.

5. Der erste Vorleser gibt diese Rolle an eine beliebige Person seiner Wahl weiter. Verfahren Sie so, bis alle Lösungen gefunden wurden.

Lösung

1 was playing; 2 wasn't enjoying; 3 was wearing; 4 weren't listening; 5 Were they staying; 6 Was it raining

Hinweis

– Diese Aufgabe eignet sich auch als Hausaufgabe.

---

07 **Practice**

1. Lesen Sie die Anweisung in der Randspalte laut vor. Betonen Sie, dass die Teilnehmer hier die Entscheidung zwischen den beiden Zeitformen des *past* treffen sollen. Schauen Sie sich bei Bedarf erneut den C-Teil der Grammatik-erläuterungen auf Seite 137 an.
2. Bitten Sie einen Teilnehmer, den ersten Beispielsatz vorzulesen. Fragen Sie die Teilnehmer: *Which is the shorter and which is the longer activity in this sentence?* Sammeln Sie die Antworten durch Zuruf. Weisen Sie auch darauf hin, dass das *simple past* häufig nach dem Wort *when* benutzt wird, wenn zwei Vorgänge beschrieben werden. Fragen Sie die Teilnehmer, welche Aktivität bereits ausge-übt wurde und was währenddessen passierte.
3. Die Teilnehmer lösen anschließend die Aufgabe jeder für sich und besprechen sich gegebenenfalls mit einem Nachbarn.
4. Sammeln Sie die Lösungen, indem die Teilnehmer die vervollständigten Sätze vorlesen. Unterstützen Sie wo nötig.

Lösung

2 were playing / came; 3 was washing / rang; 4 were listening / arrived; 5 Were you walking / started; 6 was having / heard

Hinweis

– Diese Aufgabe eignet sich auch als Hausaufgabe.

Erweiterung

5.1

5. Kopieren Sie die Blätter der Kopiervorlage 5.1 einmal. Schneiden Sie die Karten aus und bilden Sie einen weißen und einen grauen Stapel.
6. Legen Sie die Karten mit dem Gesicht nach unten in Reihen auf den Tisch. Schreiben Sie *What were you doing when I saw you ... – I was ...* an die Tafel.
7. Erklären Sie den Teilnehmern, dass es in diesem Spiel darum geht, Fantasiesätze mit einem Partner zu bilden. Die Sätze haben die Form wie in Aufgabe 07, benutzen also das *past simple* und das *past continuous*.
8. Ziehen Sie von jedem Stapel eine Karte, z. B. *bus stop* und *super hero*, die sie auf den Tisch legen und geben Sie ein Beispiel, z. B. *What were you doing when I saw you at the **bus stop** yesterday? I was waiting for a **super hero**!* Übernehmen Sie dies gegebenenfalls an die Tafel und unterstreichen Sie die Zeitformen.
9. Zwei Teilnehmer ziehen nun jeweils eine Karte von verschiedenen Stapeln und bilden auf dieselbe Art eine Frage und eine Antwort, die die Wörter auf den Karten mit einbeziehen. Verrückte Sätze mit viel Fantasie sind erwünscht! Stellen Sie immer die korrekte Anwendung der Zeitformen sicher. Die verwendeten Karten werden danach mit dem Gesicht nach oben auf den Tisch gelegt. Verfahren Sie so, bis alle Karten umgedreht wurden.

10. Prämieren Sie am Ende den fantasievollsten oder verrücktesten Satz.

08 Now you

1. Geben Sie den Teilnehmern Zeit, sich mit der Anweisung in der Randspalte und den Vorgaben in der blauen Box vertraut zu machen.
2. Bitten sie zwei Teilnehmer, die möglichen Antworten in den Sprechblasen vorzulesen. Klären Sie Verständnisfragen.
3. Fordern Sie die Teilnehmer auf, sich einen Partner im Raum zu suchen und sich gegenseitig zu befragen. Nehmen Sie aktiv an der Fragerunde teil. Jeder Teilnehmer sollte mindestens zwei Partner befragen. Dabei können sich die Teilnehmer Notizen machen.
4. Wählen Sie für eine Abschlussrunde die Frage *Where were you living in 2006?* aus und stellen Sie diese Frage nochmals in die Runde. Bitten Sie die Teilnehmer, über jeweils einen Partner aus der Fragerunde zu berichten, ohne dabei den Namen zu nennen. Geben Sie ein erstes Beispiel *The person I talked with was …* Fragen Sie *Who do you think this person was?*
5. Ermutigen Sie die Person, über die Sie berichtet haben, über eine von ihr befragte Person zu berichten, die die Teilnehmer dann erraten.

Hinweis

– Der Ausdruck *nine eleven (9/11)* ist den meisten Teilnehmern sicherlich durch die öffentliche Berichterstattung bekannt. Sie können zusätzlich darauf hinweisen, dass es sich um die amerikanische Schreibweise des Datums 11. September handelt, bei der erst der Monat und dann der Tag genannt wird. 9/11 ist auch die Zahlenkombination 911 der Notrufnummer in Nordamerika.

09 Reading

1. Übernehmen Sie das Wort *dating ad* an die Tafel. Erklären Sie den Begriff, indem Sie z. B. sagen *An ad is a short text in the newspaper or on the internet. I put an ad on the internet last week. I want to sell my bike. With a dating ad you're looking for a new partner.*
2. Lesen Sie die Anweisung in der Randspalte vor und geben Sie den Teilnehmern Zeit, sich mit der Aufgabenstellung vertraut zu machen.
3. Übernehmen Sie die neuen Wörter *salary* und *sense of humour* aus der Frage 2 an die Tafel. Erklären Sie den Begriff, indem Sie z. B. sagen *A salary is the money you earn every month.* Den Ausdruck *sense of humour* können die Teilnehmer vielleicht aus der Ähnlichkeit zum Deutschen heraus entschlüsseln. Deuten Sie auf den Ausdruck und fragen Sie *What do you think this phrase means?* Bestätigen Sie die richtigen Erklärungen.
4. Beginnen Sie damit, dass Sie den Ausdruck *the partner 4 U* an die Tafel übernehmen. Fragen Sie Teilnehmer nach einer möglichen Bedeutung: *Which word do 4 and U stand for?* Schreiben Sie das Wort *for* über die Zahl und über das *U you*.
5. Die Teilnehmer lesen anschließend die Anzeigentexte durch und versuchen dabei, die Fragen 1 und 2 zu lösen. Klären Sie unbekannte Wörter auf Nachfrage und verweisen Sie bei jedem Text auf die Fragestellung 1, so dass die Teilnehmer die Fragen nach und nach beantworten. Die Antwort zu Frage 2 findet sich im ersten Text. Sammeln Sie die Antworten in der Gruppe.

for you
the partner 4 U

Lösung	*1 C; 2 C*

6. Um die Aussprache des neuen Vokabulars zu vertiefen, bitten Sie nach der Beantwortung der Fragen vier freiwillige Teilnehmer, den Text nochmals vorzulesen. Unterstützen Sie wo nötig.
7. Lesen Sie anschließend die Fragestellungen im zweiten Teil der Aufgabe vor und diskutieren Sie diese in der Gruppe.

Hinweis	– Den Ausdruck *fun* kennen viele Teilnehmer sicherlich als ‚Spaß'. Hier entspricht die Selbstbeschreibung *I am fun / She is fun.* in etwa ‚Mit mir kann man Spaß haben.'

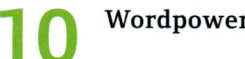

10 Wordpower

1. Bitten Sie die Teilnehmer, die Aufgabenstellung durchzulesen.
2. In den Bildunterschriften sind die Wörter *bald, smart, curly* und *straight* neu. Lesen Sie diese Bildunterschriften vor, um die Aussprache sicherzustellen. Ermuntern Sie die Teilnehmer, die Bedeutungen aus den Bildern zu erschließen.
3. Die Teilnehmer suchen sich einen Partner im Raum und vervollständigen die Sätze 1–3.
4. Vergleichen Sie die Lösungen, indem freiwillige Teilnehmer ihre Resultate vorlesen. Geben Sie der Gruppe die Gelegenheit zum Kommentar. Achtung: Beim 1. Druck 2015 hat sich in 4 ein Fehler eingeschlichen.

Lösung	*1 bald/beard; 2 straight/fair; 3 curly/dark/glasses; 4 cheerful*

5. Bitten Sie die Teilnehmer, den zweiten Teil der Aufgabenstellung zusammen mit den Sprechblasen durchzulesen.
6. Geben Sie ein Beispiel, indem Sie einen Teilnehmer bitten *(Beate), ask me what someone in my family looks like.* Beantworten Sie die Frage, indem Sie beschreibende Wörter aus 09 und 10 verwenden.
7. Die Teilnehmer können die Befragung mit einem Partner ihrer Wahl durchführen.
8. Gehen Sie herum und unterstützen Sie. Sammeln Sie gegebenenfalls neue Wörter an der Tafel.

Erweiterung nach 4.	5. Kehren Sie mit den Teilnehmern nochmals zu den Anzeigentexten in 09 zurück und bitten Sie sie, alle Wörter zu markieren, die Personen beschreiben. 6. Fragen Sie *Which words could we add to the words in 10?* Bitten Sie die Teilnehmer, per Zuruf die Wörter zu nennen und in der Randspalte von Aufgabe 10 zu notieren. Diese Wörter können für den zweiten Teil der Aufgabe nützlich sein.

Lösung	*sad; old; attractive; slim; warm; be fun; romantic; hard-working; tall; athletic; divorced; clever; friendly*

Hinweise	– Erinnern Sie bei Bedarf daran, dass die Frageform *What is/are … like?* danach fragt, wie etwas oder jemand ist. *Like* entspricht hier nicht dem deutschen ‚mögen'.
	– Für den Fall, dass die Teilnehmer nach einer Person fragen, die in der Familie nicht vorhanden ist, übernehmen Sie an die Tafel *Oh, I'm afraid, I don't have … (any children), but I have … (an aunt / …)*

Erweiterung

5.2

9. Kopieren Sie die Kopiervorlage 5.2 ein Mal und schneiden Sie die Porträts aus.
10. Befestigen Sie die Bilder z. B. mit Tesafilm an verschiedenen Stellen im Raum in Augenhöhe.
11. Erklären Sie den Teilnehmern, dass sie zwei Minuten Zeit haben, sich alle Bilder im Raum anzuschauen, um sich das Aussehen der Personen so gut wie möglich zu merken. Geben Sie das Startzeichen zum Aufstehen und Herumgehen.
12. Geben Sie exakt nach Ablauf der Zeit das Zeichen zum Setzen. Sammeln Sie die Bilder ein und fordern Sie nun alle Teilnehmer auf, die Personen so gut wie möglich aus dem Gedächtnis heraus zu beschreiben. Jeder Teilnehmer kann sich dazu Notizen machen.
13. Fordern Sie die Teilnehmer auf, ihre Beschreibungen per Zuruf abzugeben. Sammeln Sie die Adjektive an der Tafel.
14. Verfahren Sie so mit allen Bildern, bis alle Porträts ausreichend beschrieben wurden.

Hinweise

– Diese Aktivität eignet sich insbesondere für Gruppen, die sich am späteren Abend treffen, da das schnelle Herumgehen im Raum die Teilnehmer aktiv werden lässt und die Konzentration erhöht.
– Bei einer Gruppe mit mehr als acht Personen verlängern Sie die Zeit zum Anschauen der Bilder um einige Minuten, damit alle Teilnehmer die Chance bekommen, die Bilder zu sehen.

11 Listening

12

1. Bitten Sie die Teilnehmer, die Anweisung in der Randspalte durchzulesen.
2. Da in der Adjektivliste keine neuen Wörter vorkommen, bitten Sie die Teilnehmer, alle Begriffe einmal in Sitzreihenfolge vorzulesen. Klären Sie Verständnisfragen.
3. Spielen Sie die CD einmal. Die Teilnehmer kreuzen die Adjektive an, die sie hören.
4. Die Teilnehmer können die Ergebnisse mit einem Nachbarn besprechen. Vergleichen Sie die angekreuzten Adjektive abschließend durch Zuruf.

Lösung

handsome; rich; single; tall; exciting; cheerful; happy; sportive; romantic

5. Vor dem zweiten Teil der Aufgabe bitten Sie die Teilnehmer, sich nochmals die Anzeigentexte aus Aufgabe 09 anzuschauen, da diese für Teil 2 benötigt werden.
6. Lesen Sie die Fragestellung vor und spielen Sie anschließend die CD nochmals ab.
7. Vergleichen Sie mögliche Antworten anschließend gemeinsam in der Gruppe.

Lösung

Cheerful man

Hinweis

– Bei einer unsicheren Gruppe lesen Sie mit den Teilnehmern das Transkript nach dem ersten Hören durch, um so die Lösungen sicherzustellen.

Transcript

V = Vicky
T = Tom

12

V   Hi, Tom.

T   Hi, Vicky? Am I calling at a bad time? Are you working?

V   It's OK Tom. I wasn't really doing anything. How's my big brother?

T   I'm fine thanks. I was just thinking about you …

V   Oh yeah? So what can I do for you?

T   Oh nothing. Do you remember Ben?

V   Ben?

T   Yes, you remember. When you were staying with us, you met our friend Ben Bradshaw – handsome, rich, single Ben … remember? Did you two go out together?

V   Nah. We exchanged phone numbers but he didn't contact me and I didn't contact him.

T   Oh that's a pity.

V   I'm too tall for someone like Ben. And not exciting enough.

T   Oh, Vicky! Well listen, I've got some dating ads here and …

V   Oh I never read them. Everyone wants a partner with a "Good Sense Of Humour" so you have to be cheerful all the time! No thanks, Tom! I'm not ready for a new relationship. Thanks for thinking of me, but no thanks.

T   No listen, there's a university professor who is looking for a partner. He's divorced too, almost your age …

V   Hmm …

T   He has the same interests as you, you know, theatre, art galleries.

V   Does he like dancing? I love dancing …

T   It doesn't say, but his ad says No children so …

V   And what does that mean? He doesn't have any children or he doesn't want any?

T   I don't know.

V   Well I'm not interested in anyone who doesn't like kids.

T   Well what do you want?

V   Someone I can talk to. A happy person, happy in his work too. Lots of energy, sporty, great dancer. Handsome, romantic, house in the south of France …. you know, I don't want much.

T   No, but seriously Vicky, I think there's someone here that might be for you.

V   Oh yeah? Go on then …

12   Round up

1. Bitten Sie einen Teilnehmer, die Anweisung in der Randspalte vorzulesen.
2. Lesen Sie die Notizen auf dem Zettel vor. Erklären Sie den neuen Ausdruck *a night out*, indem Sie z. B. sagen *to have a night out means to spend a nice evening together, at a bar or a restaurant or at the disco.*
3. Geben Sie den Teilnehmern Zeit, sich Notizen zu machen. Gehen Sie herum und unterstützen Sie wo nötig.
4. Anschließend tauschen die Teilnehmer ihre jeweiligen Ideen mit ihrem Nachbarn aus. Nehmen Sie aktiv an der Aufgabe teil, wenn Sie eine Gruppe mit ungerader Teilnehmeranzahl haben.

Erweiterung

5. Bitten Sie zwei Teilnehmer, den Text der Sprechblasen vorzulesen. To *spend money* lässt sich leicht mit einem Beispiel erläutern: *If you want to buy a new car you have to spend a lot of money.*

6. Laden Sie die Teilnehmer ein, über ihre Notizen ähnlich wie in den Sprechblasen zu berichten. Ermuntern Sie die Gruppe dabei zu Kommentaren und Nachfragen: *Do women and men do the same things with their best friends? Do men have female best friends and vice versa? Can you get to know new best friends all your life?*

7. Übernehmen Sie *A best friend should* ... an die Tafel. Fragen Sie die Teilnehmer: *How would you complete this sentence?*

8. Sammeln Sie die Ideen gemeinsam an der Tafel. Gibt es ein Merkmal oder einen Wunsch, auf den sich alle einigen können?

Ideenpool

▸▸ **Aufgabe 04**

1. Die Fragen *4 Did you go on family holidays when you were a teenager? How did you feel?* und *5 Did you ever have a holiday romance? What do you remember about it?* eignen sich gut als Schreibaufgabe. Die Teilnehmer schreiben dazu zur nächsten Stunde auf einem Extrablatt einen kurzen Text zu Urlaubserlebnissen aus ihrer Kindheit. Vielleicht können einige auch Urlaubsfotos aus dieser Zeit mitbringen?

2. Wenn Sie die Möglichkeit haben, lassen Sie sich die Texte vor Beginn der nächsten Stunde per E-Mail zusenden, um sie zu korrigieren. So können Sie jedem Teilnehmer ein persönliches Feedback geben und ersparen lange Korrekturen während des Vorlesens.

3. Sammeln Sie die Texte der Teilnehmer ein und mischen Sie sie. Bitten Sie einen Teilnehmer, den ersten Text zu ziehen und vorzulesen. Unterstützen Sie dabei wenn nötig.

4. Fragen Sie die Teilnehmer, von wem der Text verfasst sein könnte. Haben andere Teilnehmer ähnliche Ferienerlebnisse oder -orte besucht? Verfahren Sie so, bis alle Texte vorgelesen wurden.

5. Falls Teilnehmer Urlaubsfotos mitgebracht haben, bitten Sie die Teilnehmer, zu beschreiben, was sie auf den Fotos sehen.

6. Sammeln Sie nützliches Vokabular als *holiday vocab* an der Tafel.

Hausaufgaben

Extra Practice Reminder:

☐ p._____   No. _____ _____ _____

☐ p._____   No. _____ _____ _____

☐ p._____   No. _____ _____ _____

☐ _____

☐ _____

Neighbours

Lernziele	• Wo und wie man wohnt beschreiben
	• Nachbarn und Nachbarschaft beschreiben
	• Bloggen
	• Meinung äußern
Grammatik	• *Present Perfect* mit *for* und *since*
Materialien	• Aufgabe 08: Kopiervorlage 6.1, ausschneiden, 1 Satz Dominosteine pro Gruppe
	• Aufgabe 10: Kopiervorlage 6.2, 1 Kopie pro Teilnehmer, 1 Flipchartblatt pro Gruppe, Befestigungsmaterial
	• Ideenpool: Zwei Karteikärtchen pro Teilnehmer, Befestigungsmaterial

Picture

1. Lesen Sie die Überschrift mit dem neuen Wort *neighbour* vor. Sie können das Wort erklären, indem Sie sagen *My neighbours are the people who live near me.*
2. Bitten Sie die Teilnehmer, sich die Fotos anzuschauen. Stellen Sie dazu Fragen, wie z. B. *What do you see in these pictures? Where do you think these houses are? Are there similar houses where you live? Would you like to live in one of the houses?*

Hinweis

– Für den Fall, dass die Teilnehmer einzelne Hausteile benennen möchten, sind diese Wörter hilfreich: *thatched house* = reetgedecktes Haus; *skylight* = Dachfenster; *attic flat* = Dachwohnung; *half-timbered house* = Fachwerkhaus; *timber* = Bauholz

---

01 **Warm up**

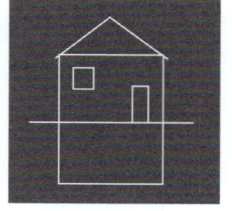

1. Bitten Sie die Teilnehmer, die Aufgabenstellung zu lesen. Übernehmen Sie die neuen Wörter *balcony* und *cellar* an die Tafel. Sie können *balcony* erklären, indem Sie auf die Balkone in dem ersten Foto deuten. Erklären Sie *cellar*, indem Sie ein Haus mit einem erkennbaren Kellergeschoss an die Tafel zeichnen. Deuten Sie zur Erklärung auf den Keller.
2. Bitten Sie die Teilnehmer, die Fragen durchzulesen und für sich anzukreuzen.

3. Lesen Sie im zweiten Teil der Aufgabe die Frage vor. Erklären Sie das Wort *neighbourhood*, indem Sie z. B. sagen *The neighbourhood is the place where my neighbours and I live.* Bitten Sie zwei Teilnehmer, die Texte in den Sprechblasen vorzulesen. Klären Sie Verständnisfragen.

4. Danach sucht sich jeder Teilnehmer einen Partner im Raum und befragt ihn. Nehmen Sie aktiv an der Fragerunde teil.

5. Sie können abschließend einige Teilnehmer bitten, über ihren Partner zu berichten. Fragen Sie z. B. *What did you learn about the person you talked to?*

---

02 Text

13

1. Lesen Sie die Anweisung in der Randspalte vor. Erklären Sie gegebenenfalls das Wort *blog*, indem Sie sagen *A blog is a text you put on the internet and other people can read it. Blogs are often about somebody's personal experience.*

2. Übernehmen Sie die Frage **What is Maria's problem?** an die Tafel.

3. Der Text enthält viel neues Vokabular, weshalb es sich empfiehlt, in zwei Schritten zuerst Marias Blog und danach die Kommentare durchzulesen. Erklären Sie den Teilnehmern, dass sie nun Marias Blog hören werden und dabei die Frage an der Tafel beantworten sollen. Sie können den Text dabei mitlesen. Spielen Sie die CD einmal ab, nur bis zum Ende von Marias Text, also noch ohne die Kommentare.

4. Fragen Sie, wer die Frage schon beantworten kann. Übernehmen Sie die richtige Antwort an die Tafel.

Lösung

Her neighbours don't say hi to her.

5. Klären Sie Verständnisfragen und spielen Sie den eben gehörten Teil erneut ab.

6. Erläutern Sie, dass die Teilnehmer im zweiten Teil Kommentare zu Marias Blog hören werden und dabei den Text mitlesen können.

7. Spielen Sie die CD erneut einmal ab, dieses Mal nur die Kommentare.

8. Klären Sie anschließend Verständnisfragen und spielen Sie den Text bei Bedarf danach nochmals in Gänze ab.

Erweiterung

9. Eine lesefreudige Gruppe kann den Text abschließend selber laut vorlesen. Teilen Sie dazu Marias Blog gemäß den Absätzen in zwei Teile für zwei Vorleser ein; jeder weitere Teilnehmer übernimmt das Vorlesen eines Kommentars.

Hinweise

– Zu 4. und 7.: Fortgeschrittene Teilnehmer können den Text schon beim ersten Mal mit geschlossenen Büchern hören und versuchen, die Frage zu beantworten.

– Es kommen einige amerikanische Begriffe in dem Text vor. Zur Sicherheit hier die britischen Entsprechungen: *apartment – flat; trash can – dustbin; sidewalk – pavement; parking lot – car park; condo – freehold flat; elevator – lift; duplex – twin house; vacation – holidays.* Die Begriffe werden in Aufgabe 04 benötigt.

---

03 Quick check

1. Geben Sie den Teilnehmern Zeit, die Aufgabenstellung zu lesen.

2. Die Teilnehmer lösen die Aufgabe jeder für sich.

---

3. Bitten Sie abschließend freiwillige Teilnehmer, ihre Lösungen vorzulesen. Fragen Sie nach: *Where in the text did you find the answer?* Stellen Sie sicher, dass alle Teilnehmer die richtige Lösung mit Hilfe des Textes in 02 nachvollziehen können.

Lösung

1 C; 2 D; 3 B; 4 F; 5 A; 6 E

04 Talk about the text

Lösung

1. Bitten Sie einen Teilnehmer, die erste Frage vorzulesen. Die Teilnehmer können zur Beantwortung nochmals den Text in 02 durchforsten. Schreiben Sie währenddessen *American-English words* an die Tafel.

apartment block; trash can; sidewalk; parking lot; condo; elevator; duplex; vacation

2. Beenden Sie die Arbeit an Frage 1 nach einigen Minuten und sammeln Sie die Begriffe durch Zurufen. Bitten Sie die Teilnehmer mit den richtigen Begriffen, diese an die Tafel zu übernehmen. Tragen Sie die Begriffe ein, die nicht gefunden wurden.
3. Bitten Sie einen Teilnehmer, die Frage 2 vorzulesen. Die Teilnehmer können sich zur Beantwortung vielleicht mit einem Nachbarn besprechen. Laden Sie einen Teilnehmer ein, seine Meinung zu äußern und anschließend ein weiteres Gruppenmitglied seiner Wahl nach dessen Meinung zu fragen. Beenden Sie die Fragerunde, wenn sich alle freiwilligen Teilnehmer geäußert haben.
4. Verfahren Sie mit Frage 3 wie mit Frage 2.
5. Bitten Sie einen Teilnehmer, die Aussagen in Frage 4 vorzulesen. Bilden Sie zwei Gruppen und weisen Sie jeder Gruppe eine Aussage zu, die diese unter sich bespricht. Gehen Sie herum und unterstützten Sie wo nötig.
6. Beenden Sie den Austausch nach einigen Minuten und bitten Sie die erste Gruppe, ihre Meinung der anderen Gruppe darzustellen. Ermutigen Sie die Teilnehmer der zweiten Gruppe zu einer Stellungnahme und zu einer eigenen Aussage. Sagen Sie z. B. *So, what do you think? Do you agree with what … said?* Verfahren Sie ebenso mit der von Gruppe 2 bearbeiteten Aussage.
7. Lesen Sie die Frage 5 vor. Geben Sie den Teilnehmern Zeit, nochmals die Kommentare auf Seite 61 zu lesen. Sprechen Sie anschließend einen Teilnehmer namentlich an und fragen Sie nach dessen Meinung. Korrigieren Sie wo nötig, ohne inhaltlich Stellung zu beziehen. Ermutigen Sie den Teilnehmer, seinerseits eine weitere Person zu befragen und so fort. Beenden Sie die Diskussion, wenn Sie den Eindruck haben, dass sich die Antworten doppeln.

05 LANGUAGE

▶ Grammatikseite 138

1. Erläutern Sie, dass diese *Language Box* sich mit dem Gebrauch von *since* und *for* in Zeitangaben beschäftigt.
2. Lesen Sie die Beispielsätze aus der *Language Box* vor.
3. Übernehmen Sie anschließend das Bild aus der Randspalte an die Tafel. Bilden Sie einen Beispielsatz so, dass er auf die Englischgruppe zutrifft, z. B. *We have learned English together for two years.*
4. Verfahren Sie hier ebenso mit dem zweiten Beispielsatz. Ihr Tafelbild könnte abschließend so aussehen.

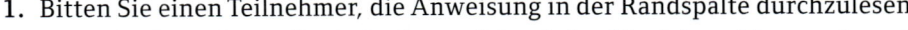

| for + time | how long? | We have learned English together for 2 years. |
| since + time | since when? | We have learned English together since 2013. |

Zur Vertiefung können Sie die Grammatikerläuterungen auf Seite 138 zu Rate ziehen.

06 Practice

1. Bitten Sie einen Teilnehmer, die Anweisung in der Randspalte durchzulesen.
2. Die Teilnehmer lösen die Aufgabe zunächst jeder für sich und besprechen sich anschließend mit ihrem Sitznachbarn.
3. Die Teilnehmer lesen die entstandenen Sätze der Reihe nach vor. Geben Sie der Gruppe die Gelegenheit, mögliche Fehler zu verbessern, bevor Sie dies selbst tun.

Lösung

1 for; 2 since; 3 since; 4 for; 5 for; 6 since; 7 for; since

Hinweis

– Diese Aufgabe eignet sich auch als Hausaufgabe.

07 Now you

1. Bitten Sie die Teilnehmer, die Randspalte und die Redemittel in der Box durchzulesen.
2. Erinnern Sie die Teilnehmer daran, dass Fragen und Aussagen über eine Handlung, die in der Vergangenheit begann, aber bis jetzt andauert, im *present perfect* beschrieben werden. Sie können dazu auch den Hinweis in Teil B auf der Grammatikseite 138 zu Rate ziehen. Handlungen, die in der Vergangenheit abgeschlossen wurden, werden dagegen im *Simple past* beschrieben.
3. Lesen Sie die Texte in den Sprechblasen vor. Verweisen Sie hier nochmals auf die Formen im *present perfect* und auf die Form *got married* im *simple past*.
4. Die Teilnehmer bereiten einige Fragen vor, suchen sich anschließend einen Partner im Raum und befragen diesen.

Variante ab 4.

4. Bitten Sie die Teilnehmer, im Raum herumzugehen und mindestens zwei weitere Personen zu befragen. Dazu können sie vier Fragen aus der Box aussuchen.
5. Abschließend berichten die Teilnehmer der Gruppe über einen der Teilnehmer, der von ihnen befragt wurde.

08 Wordpower

▶ Teaching tip
Partner-/Gruppen-arbeit

1. In dieser Aufgabe geht es um Gegensatzpaare. Bevor die Teilnehmer die Aufgabe bearbeiten, lesen Sie die Ausdrücke in dem Kasten vor. Klären Sie Verständnisfragen. Neu sind die Begriffe *thoughtless*, *unhelpful* und *unpopular*. Erklären Sie *thoughtless*, indem Sie z. B. sagen *I asked my cousin about his ex-wife. That was very thoughtless of me.*
2. Die Teilnehmer vervollständigen anschließend die Liste jeder für sich. Bitten Sie die Teilnehmer, die eingetragenen Resultate vorzulesen.
3. Anschließend besprechen sie sich zum Finden weiterer Beispiele mit einem Sitznachbarn.
4. Sammeln Sie mit den Teilnehmern weitere Ausdrücke an der Tafel. Bitten Sie einen freiwilligen Teilnehmer, ein erstes Beispiel anzuschreiben.

5. Laden Sie die Gruppe ein, mit einem Wort der Gegensatzpaare einen Beispielsatz zu bilden. Verfahren Sie so, bis alle zusätzlichen Formen an der Tafel notiert sind.

Lösung

friendly – unfriendly; good – bad; helpful – unhelpful; like – dislike; love – hate; nice – nasty; polite – rude; thoughtful – thoughtless; quiet – noisy; popular – unpopular

Erweiterung

6.1

6. Schneiden Sie die Dominosteine der Kopiervorlage 6.1 aus. Bereiten Sie für jede Gruppe einen Satz Dominosteine vor. Wenn Sie mit einer Gruppe mit weniger als vier Teilnehmern arbeiten, verwenden Sie nur einen Satz Dominosteine. Sollten Sie mit größeren Gruppen arbeiten, bilden Sie Dreier- oder Vierergruppen.

7. Verteilen Sie die Dominosteine. Erklären Sie, dass die Gruppen aus den Dominosteinen eine lange Reihe bilden sollen, indem Sie jeweils ein Wort und sein Gegenteil zusammenlegen. Die Dominosteine mit den Großbuchstaben sind Anfangs- bzw. Endstein.

8. Geben Sie den Gruppen ausreichend Zeit; bei mehreren Gruppen gehen Sie herum und unterstützen bei Verständnisfragen.

9. Vergleichen Sie abschließend die Dominoreihe, indem jeweils eine Gruppe einen Stein und die nächste Gruppe ihren angefügten Stein vorliest. Verfahren Sie so bis zum Ende der Reihe.

Lösung der Kopiervorlage

HELPLESS – thoughtless – thoughtful – dirty – clean – upstairs – downstairs – quiet – noisy – fair – unfair – divorced – married – bored – interested – slim – fat – good – bad – awful – great – empty – full – GLAD

Erweiterung

10. Bilden Sie Dreiergruppen und bitten Sie die Gruppen, fünf gegensätzliche Wortpaare auszuwählen und damit Sätze zu bilden. Dabei müssen die Gegensatzpaare in einem Satz verwendet werden. Schreiben Sie ein Beispiel an: *Although my neighbour got divorced last month, she's married again already.* Die Gruppen können sich dabei Zeit lassen.

09 Listening

14

1. Geben Sie den Teilnehmern Zeit, sich mit der Anweisung in der Randspalte vertraut zu machen.

2. Übernehmen Sie die Frage aus der Randspalte an die Tafel. Bitten Sie die Teilnehmer, zuzuhören, und spielen Sie die CD einmal ab.

3. Fragen Sie die Gruppe, ob jemand schon die Antwort auf die Frage an der Tafel herausgehört hat. Bestätigen Sie richtige Antworten.

Lösung

It's a nice neighbourhood, and they've met some friendly people. They have good neighbours except for one old man.

4. Brainstormen Sie mit der Gruppe, welche Details eventuell noch verstanden wurden.

5. Bitten Sie anschließend die Teilnehmer, sich mit den Sätzen 1–6 vertraut zu machen. Fragen Sie nach unbekannten Wörtern. Neu sind hier u. a. *grumpy* und *nosy*. Fragen Sie die Teilnehmer zuerst danach, ob sie den Sinn der Worte aus dem Zusammenhang heraus erkennen. Erklären Sie anderenfalls mit Beispielen, sagen Sie z. B. *Grumpy is the opposite of happy.* Und *A nosy person wants to know everything about everybody.*

6. Spielen Sie anschließend die CD nochmals ab. Die Teilnehmer entscheiden beim Zuhören, auf welche Person welche Aussage zutrifft.

7. Die Teilnehmer lesen ihre Lösungen vor. Geben Sie der Gruppe die Gelegenheit, die genannten Lösungen zu besprechen, bevor Sie selbst bestätigen oder korrigieren.

8. Spielen Sie zur Kontrolle die CD nochmals ab.

Lösung

1 Cathy; 2 Bill; 3 Bill; 4 Bill; 5 Cathy

Hinweis

– Bei einer Gruppe mit unsicherem Hörverständnis können die Teilnehmer beim letzten Abspielen der CD das Transkript auf den Seiten 151–152 mitlesen.

Transcript

B = Bill
C = Cathy
14

B Hi, Cathy, I haven't seen you since you moved to your new place. How's it going?
C Well we've still got lots of things in boxes, boxes everywhere – if that's what you mean.
B Oh yeah well that's normal. You've only been there for a few weeks. But do you like the flat?
C Love it. It's a really nice neighbourhood. Great for the kids. Gemma's made some new friends already.
B And what about you?
C Yes I've met some of the parents outside the school. It's just round the corner, which is great. That's one of the best ways of meeting people, you know.
B Do you really think so?
C Oh yes. I was waiting for Gemma after her first day at her new school and several women said hello and spoke to me. Very friendly. I know their names, where they live, who their kids are … they all live nearby too.
B That's nice. You're lucky. I haven't got any kids so that's not possible for me. I take the dog for a walk and I often meet the same people – you know, other dog walkers.
C Well that's a good way of getting to know people.
B Yes and no. I know most of the dogs' names – there's Wesley the Cocker Spaniel and Lola the Corgi – but I don't know their owners' names! I don't know my neighbours' names either. It can be very embarrassing.
C Oh dear, that's a pity. We already know our neighbours' names. The people who live upstairs are lovely. They've come down for a coffee once or twice. But we don't much like the man who lives downstairs.
B Really? Why not?
C Well he's already complained about the noise Gemma makes.
B Gemma? She's not a noisy kid!
C No, she really isn't. But he says when she runs up and down the stairs, she makes too much noise.

B   That's crazy. The person next door to me plays the saxophone but I don't complain about him. In fact, I like listening to him when he's practising – he's a very good player.

C   The man below us is unpopular with all the neighbours. He's really nosy. He sits behind his curtains and looks out of the window to see where you're parking your car. Then if you're not in the right place, he'll complain.

B   Huh! He's your secret policeman – that's not so good.

C   No but he's the only problem – and he's just a grumpy old man. I can live with that.

---

10   Reading

> to invite sb.
> to apologize

Erweiterung

6.2

1. Geben Sie den Teilnehmern Zeit, sich mit der Anweisung in der Randspalte vertraut zu machen.

2. Übernehmen Sie währenddessen die Begriffe aus der Randspalte an die Tafel. Erklären Sie, dass die Teilnehmer ein Quiz lösen werden, indem u. a. diese Begriffe neu sind. Sie können die Wörter durch Beispiele erklären: *I usually invite my family when it's my birthday. When you apologize you say you're sorry about something.*

3. Die Teilnehmer stellen nun die Quizfragen einem Nachbarn und markieren die Ergebnisse in der Vorlage. Bei einer ungeraden Anzahl an Teilnehmern nehmen Sie aktiv an dem Quiz teil oder bilden eine Dreiergruppe.

4. Die Teilnehmer finden am Ende des Quizzes mithilfe des Schlüssels heraus, wer ein guter Nachbar ist und wer nicht. Bitten Sie einige Teilnehmer, über ihren Partner zu berichten. Verlassen Sie sich hierbei auf freiwillige Meldungen, damit niemand mit einer *bad neighbour*-Bewertung bloßgestellt wird.

5. Diese Kopiervorlage lässt sich gut in zwei Teile aufteilen, die sich in zwei Unterrichtsstunden bearbeiten lassen. In erstem Schritt verteilen Sie eine Kopiervorlage 6.2 pro Teilnehmer. Erklären Sie den Teilnehmern, dass sie einige Tipps zur Begrüßung von neuen Nachbarn in den USA lesen werden.

6. Bilden Sie Zweier- oder Dreiergruppen. Die Gruppen lesen den Text jede für sich durch. Gehen Sie herum und unterstützen Sie wo nötig.

7. Die Gruppen diskutieren anschließend die fünf Tipps.

8. Beenden Sie die Diskussion nach 5–7 Minuten. Sammeln Sie die Ergebnisse, indem Sie die Zahlen 1–5 für die Tipps an die Tafel schreiben. Bitten Sie die Gruppen, nacheinander über ihre Diskussion zu berichten. Zeichnen Sie je nach Befürwortung oder Ablehnung positive oder negative Smileys neben die Tippnummern. Gibt es etwas, was keiner der Teilnehmer befürworten würde?

9. Im zweiten Schritt lesen Sie die zweite Anweisung vor. Verteilen Sie ein Flipchartblatt pro Gruppe. Weisen Sie die Teilnehmer nochmals auf die *Wordpower* Aufgabe 08 hin, die für die folgende Aufgabe nützlich ist.

10. Die Gruppen entwerfen anschließend ihre eigenen Nachbarschaftstipps. Gehen Sie herum und unterstützen Sie.

11. Bringen Sie abschließend alle Flipchartblätter für alle gut sichtbar an einer Wand an.

12. Versammeln Sie sich mit den Teilnehmern bei den Flipchartblättern und vergleichen Sie die Ergebnisse. Jede Gruppe stellt dabei ihre Tipps vor. Können sich alle gemeinsam auf die fünf wichtigsten Tipps einigen? Markieren Sie diese auf den Blättern.

11 Now you

1. Lesen Sie die Anweisung in der Randspalte vor. Erläutern Sie das neue Wort *from hell*, indem Sie sagen *Neighbours from hell are really bad people, noisy, rude, etc. Somebody you don't want to live next to.* Malen Sie einen kleinen stilisierten Teufel an die Tafel und sagen Sie: *Hell is where he lives.*
2. Die Teilnehmer bilden in Zweiergruppen jeweils sechs Sätze. Gehen Sie herum und unterstützen Sie wo nötig.
3. Bitten Sie zwei Teilnehmer, die Sprechblasen vorzulesen. Jede Zweiergruppe sucht sich anschließend eine andere Zweiergruppe im Raum. Die Zweiergruppen berichten sich gegenseitig ihre Ergebnisse.
4. Führen Sie abschließend eine Vergleichsrunde mit der ganzen Gruppe durch. Sammeln Sie durch Zurufe das ‚Profil' eines idealen Nachbarn und eines unzumutbaren Nachbarn. Sie können dabei einen schreibsicheren Teilnehmer bitten, an der Tafel Notizen zu machen. Gibt es ein gemeinsames Kennzeichen für den idealen Nachbarn?

12 Round up

1. Lesen Sie die Anweisung in der Randspalte und die Einleitung in der Aufgabe selbst vor. Zur Unterstützung des *Round ups* können die Teilnehmer im Vorhinein nochmals die *Wordpower* Aufgabe 08 anschauen und das Transkript zu Bill und Cathys Gespräch auf den Seiten 151–152 durchlesen.
2. Geben Sie den Teilnehmern Zeit, sich Notizen zu machen. Helfen Sie bei Vokabelnachfragen.
3. Spielen Sie anschließend den kleinen Dialog in der Aufgabe mit einem freiwilligen Teilnehmer vor. Lesen Sie dabei den Part B, in dem das neue Wort *lovely* vorkommt.
4. Die Teilnehmer beschreiben anschließend ihren Nachbarn auf der Basis ihrer angefertigten Notizen. Bei einer unsicheren Gruppe demonstrieren Sie zunächst ein weiteres Beispiel basierend auf Ihren Notizen mit einem sprechsicheren Teilnehmer.
5. Machen Sie eine Abschlussrunde, in der die Teilnehmer Ratschläge sammeln, was zu tun ist.

Ideenpool

▸ Aufgabe 05 oder 06

1. Bereiten Sie jeweils zwei Karteikarten pro Teilnehmer vor. Auf einer Karteikarte tragen Sie ein: *I have _____ for 10 years.* Auf die andere Karteikarte *I have _____ since [das Jahr, das aktuell 10 Jahre zurückliegt].*
2. Geben Sie jedem Teilnehmer ein Kartenset und bitten sie die Teilnehmer, ihre Karten mit unterschiedlichen Sätzen zu vervollständigen. Geben Sie dazu zwei Beispiele. Sagen Sie z. B. *I have learned Spanish for 10 years. I have lived in Leverkusen since 2004.*
3. Übernehmen Sie währenddessen das folgende Tafelbild:

for + Zeitspanne	*since + Zeitpunkt*

4. Laden Sie die Teilnehmer ein, die ausgefüllten Karten unter der jeweiligen *since-* oder *for-*Spalte an der Tafel mit Tesafilm oder Magnetknöpfen zu befestigen.
5. Lesen Sie die Karten an der Tafel gemeinsam mit den Teilnehmern. Verbessern Sie mögliche Fehler auf den Karten. Gibt es etwas, dass alle Teilnehmer über denselben Zeitraum gemeinsam verbindet?

▶▶ Aufgabe 11

1. Übernehmen Sie diese Überschrift an die Tafel: *Write an email or a letter to your neighbour from hell.* Erklären Sie, dass die Teilnehmer einen Brief oder eine E-Mail an einen ungeliebten Nachbarn schreiben sollen.
2. Fragen Sie: *What is our neighbour from hell like? Why do we not like him?* Sammeln Sie Ideen durch Zurufe an der Tafel.

Beispiellösungen

> *She always parks her car on my parking lot.*
> *His children listen to loud music the whole weekend.*
> *He never cleans the staircase.*
> *She always forgets to lock the front door after 10 p.m.*
> *He throws all his waste in my bin.*

3. Bitten Sie die Teilnehmer, zwei typische Beschwerdegründe auszuwählen. Bilden Sie zwei Gruppen. Teilen Sie jeder Gruppe eine Beschwerde zu.
4. Machen Sie für das Verfassen der E-Mail folgende Vorgaben an der Tafel:
   – *mention since when this has happened*
   – *say why you disagree with your neighbour*
   – *make a suggestion*
5. Verteilen Sie an jede Gruppe an Flipchart-Blatt. Beide Gruppen verfassen jeweils gemeinsam eine E-Mail. Gehen Sie herum und unterstützen Sie wo nötig.
6. Die Gruppen bringen ihre E-Mails gut sichtbar an und lesen sich die E-Mail der jeweils anderen Gruppe durch. Fragen Sie *What do you think? Is the email friendly enough? What about the suggestion? Do you think that could work?*
7. Korrigieren Sie abschließend wo nötig. Markieren Sie nützliche Redemittel direkt auf den Flipchartblättern.

Hausaufgaben

Extra Practice Reminder:

☐ p._____   No. _____ _____ _____
☐ p._____   No. _____ _____ _____
☐ p._____   No. _____ _____ _____
☐ _____
☐ _____

Childhood memories

Lernziele	• Erinnerungen
	• Über Kindheit und Schulzeit berichten
	• Damals und heute vergleichen
	• Ein Originalgedicht lesen
Grammatik	• *Used to*
Materialien	• Aufgabe 06: Kopiervorlage 7.1, eine Kopie pro Teilnehmer
	• Aufgabe 08: Kopiervorlage 7.2, eine Kopie pro Teilnehmer

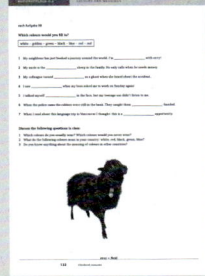

Picture

1. Die Teilnehmer sehen sich die Fotos auf der Seite 70 an.
2. Sprechen Sie mit der Gruppe über die Fotos. Geben Sie Gesprächsanregungen, indem Sie fragen *What are the children doing? Where do you think the children are from?*

---

01   Warm up

1. Schauen Sie mit den Teilnehmern zur Einstimmung in das Thema *Childhood Memories* die Fotos an. Fragen Sie *What do you think of when you hear the word childhood?* Die folgenden Vokabeln können hier hilfreich sein: der erste Schultag – *first day of school*; Einschulung – *school enrolment*; Spielplatz – *playground*; Basketball spielen – *play basketball*; Kaugummiautomat – *gumball machine* oder *bubblegum dispenser*
2. Fragen Sie z. B. *Do you remember your first day at school? What was it like? Did you do any of the activities in the photos when you were a child? If not, what did you do instead?*
3. Brainstormen Sie Antworten in der Gruppe.

02   Book extract

15

1. Geben Sie den Teilnehmern Zeit, sich mit der Aufgabenstellung vertraut zu machen und klären Sie Verständnisfragen.
2. Die Teilnehmer lesen anschließend den Text durch. Dann können sie sich mit einem Nachbarn besprechen.
3. Fragen Sie anschließend, ob jemand schon die Frage aus der Randspalte beantworten kann. Sammeln Sie die Antworten auf Zuruf.

Lösung

happy: Saturday afternoons with her friends
sad: Nobody danced with her at her first dance.

4. Bitten Sie die Teilnehmer, die Lösungen genannt haben, diese in dem Text aufzuzeigen.
5. Klären Sie unbekannte Wörter im Text. Da der Text mit Zeilenangaben ausgestattet ist, können die Teilnehmer konkret nachfragen: *Which line is the word in?*
6. Spielen Sie anschließend die CD erneut ab.
7. Bei einer lesefreudigen Gruppe laden Sie abschließend vier freiwillige Teilnehmer ein, den Text selbst vorzulesen. Teilen Sie den Text gemäß den Absätzen ein. Die Gruppe kann den Vorlesern auch bei geschlossenen Büchern zuhören. Unterstützen Sie bei Ausspracheschwierigkeiten.

Hinweis

– Das englische *sympathetic* wird häufig mit dem deutschen ‚sympathisch' verwechselt. ‚Sympathisch' entspricht jedoch *nice*, *friendly*, *likeable*.

03   Quick check

1. Die Teilnehmer lesen die Aussagen jeder für sich durch und markieren die richtigen Antworten. Dazu können sie sich mit einem Nachbarn besprechen.
2. Bitten Sie einen Teilnehmer, den ersten Satz mit der eigenen Lösung vorzulesen. Geben Sie der Gruppe Zeit, die Lösung zu kommentieren, bevor Sie dies selbst tun. Bei Unklarheiten fragen Sie nach: *Where in the text did you find this?*
3. Verfahren Sie so auch mit den Sätzen 2–6.

Lösung

1 often brought; 2 aunt; 3 girls; 4 didn't work; 5 learner; 6 didn't enjoy

04   Talk about the text

1. Die Frage 1 fragt nach Wortschatz im Text; die Fragen 2, 3 und 4 sind eher offene Fragen, in denen die Teilnehmer nach eigenen Erfahrungen gefragt werden. Beginnen Sie, indem Sie die Teilnehmer bitten, Frage 1 durchzulesen und gegebenenfalls Textstellen in Text 02 nachzulesen. Die Teilnehmer besprechen mögliche Antworten mit einem Nachbarn.
2. Sammeln Sie anschließend die Antworten auf Zuruf.
3. Verfahren Sie ebenso mit Frage 2. Sammeln Sie die Antworten auf die Frage *What did you do when you were a teenager?* in Notizen an der Tafel. Gibt es etwas, das alle Teilnehmer als Teenager gerne gemacht haben? Wenn Sie mit einer Gruppe gemischten Alters arbeiten, fragen Sie z. B. *What do you think was different back in (year) and why?* Sammeln Sie auch hier die Antworten auf Zuruf.

4. Bei Frage 3 können Sie besonders die Teilnehmer mit Enkelkindern oder auch Kindern in dem dementsprechenden Alter ansprechen: *Does anybody have teenage children or grandchildren? Do they sometimes think life is black?* Sammeln Sie Antworten auf Zuruf.

5. Bitten Sie die Teilnehmer, sich für die Frage 4 nochmals den Text anzuschauen. Jeder Teilnehmer sucht eine mögliche Antwort für sich. Sammeln Sie mögliche Lösungen auf Zuruf.

Lösung

joy = something happy; nursery school = a school for young children; gorgeous = something positive

---

05 LANGUAGE

▶ Grammatikseite 141

1. Übernehmen Sie das Bild an die Tafel.

> used to + infinitive– didn't use to + infinitive
> Did ... use to + infinitive ...?

Erklären Sie, dass dieser Ausdruck benutzt wird, um über länger zurückliegende Gewohnheiten zu berichten, die der Sprecher jetzt nicht mehr hat. Bilden Sie für jeden Ausdruck an der Tafel einen Beispielsatz, der für Sie authentisch ist. Sie können dazu auch die Grammatikerläuterungen auf Seite 141 zu Rate ziehen.

2. Vier Teilnehmer lesen die Beispielsätze in der *Language Box* vor. Bitten Sie die Gruppe, zur Einübung der Form die ersten drei Sätze in die jeweils positive oder negative Form umzuwandeln.

3. Bitten Sie die Teilnehmer, mit einem Nachbarn nochmals den Text 02 auf Seite 71 nach Sätzen mit *used to* zu durchforsten.

4. Bitten Sie freiwillige Teilnehmer, ihre Funde vorzulesen. Die Teilnehmer können die Beispiele den Formen in der *Language Box* hinzufügen.

Lösung

Zeilen 11; 19; 24; 26

---

06 Practice

Erweiterung

1. Lesen Sie die Aufgabenstellung vor.

2. Die Teilnehmer bearbeiten die Aufgabe zunächst jeder für sich.

3. Vergleichen Sie die Lösungen, indem die Teilnehmer die Sätze der Reihe nach vorlesen. Unterstützen Sie wo nötig.

4. Nutzen Sie die Fragen 6 und 9 und fragen Sie einige Teilnehmer direkt. Beginnen Sie mit der Frage 6 und sprechen Sie einen Teilnehmer an. Bitten Sie den Antwortgeber seinerseits, einer weiteren Person dieselbe Frage zu stellen. Unterstützten Sie hier wenn nötig.

5. Verfahren Sie so ebenso mit Frage 9.

Lösung

1 used to live; 2 used to welcome; 3 used to wait for; 4 didn't use to go; 5 didn't use to drink; 6 Did ... use to walk; 7 didn't use to like; 8 Did ... use to wear; 9 Did ... use to have

Hinweise

– Diese Aufgabe eignet sich auch als Hausaufgabe.
– Im Amerikanischen heißt die Sportstunde nicht *games lesson*, sondern *physical education (PE)*.

Erweiterung nach 3.

  ▶ Teaching tip Partner-/Gruppen-arbeit

7.1

4. Bilden Sie drei Gruppen. Verteilen Sie eine Kopiervorlage 7.1 pro Teilnehmer.
5. Erklären Sie den Teilnehmern, dass sie ein und dieselbe Person zu drei verschiedenen Zeiten in ihrem Leben sehen.
6. Fordern Sie die jede Gruppe auf, mindestens drei Sätze zu ,ihrer' Person aufzuschreiben. Schreiben Sie als Anregung nochmals den Ausdruck *used to* an die Tafel und fordern Sie die Teilnehmer auf, diesen zu verwenden.
7. Geben Sie den drei Gruppen Zeit, ihre Person zu beschreiben. Gehen Sie herum und unterstützen Sie wo nötig.
8. Anschließend beginnt die Gruppe 1 damit, ihre Beschreibung vorzutragen. Erinnern Sie dabei wenn nötig an die Verwendung von *used to*. Lassen Sie den anderen beiden Gruppen Zeit zum Kommentieren und Nachfragen.
9. Verfahren Sie ebenso mit den Gruppen 2 und 3, bis alle Bilder beschrieben sind.
10. Fragen Sie abschließend *Did you use to do similar things when you were younger / older / a child?* Die Teilnehmer tauschen sich in der gesamten oder in ihrer Gruppe aus.

---

07 Now you

1. Erklären Sie den Teilnehmern, dass sie nun mit einem Partner im ersten Teil darüber sprechen, was sie früher getan haben, jetzt aber nicht mehr tun. Im zweiten Teil geht es um die umgekehrte Variante.
2. Die Teilnehmer machen sich zuerst mit der Aufgabenstellung des ersten Teils vertraut und lesen dazu auch die *Useful Language Box* durch. Klären Sie Verständnisfragen.

Erweiterung zu 2.

2. Die Teilnehmer überlegen sich zusätzlich zu der *Useful Language Box* weitere Punkte, nach denen sie fragen möchten, und tragen diese in die Box ein.

3. Bitten Sie zwei Teilnehmer, die Texte in den Sprechblasen vorzulesen.
4. Die Teilnehmer sprechen mit jeweils zwei Partnern im Raum. Nehmen Sie an der Fragerunde teil.
5. Beenden Sie den ersten Teil und gehen Sie zur zweiten Fragerunde über. Lesen Sie dazu die zweite Anweisung vor. Betonen Sie, dass es nun darum geht, Sätze mit *didn't use to* zu bilden.
6. Bitten Sie zwei Teilnehmer, die Texte in den Sprechblasen vorzulesen.
7. Die Teilnehmer sprechen mit jeweils zwei anderen Partnern im Raum. Nehmen Sie an der Fragerunde teil.
8. Abschließend können die Teilnehmer je nach Gruppengröße über ein oder zwei Gewohnheiten der von ihnen befragten Personen berichten.

Hinweis

– Bei einer lernschwächeren Gruppe geben Sie den Teilnehmern Zeit, sich einige Fragen zu notieren, bevor sie ihre Partner befragen. Helfen Sie dabei wenn nötig.

08 Wordpower

1. Erklären Sie, dass es in dieser Aufgabe um englische Redewendungen geht, in denen Farben vorkommen. Geben Sie den Teilnehmern Zeit, sich mit der Aufgabenstellung vertraut zu machen.
2. Bitten Sie einen freiwilligen Teilnehmer, die Redewendungen 1–5 vorzulesen.
3. Jeder Teilnehmer ordnet diese anschließend den Übersetzungen A–E zu und bespricht sich dazu mit einem Nachbarn.
4. Vergleichen Sie die Ergebnisse abschließend, indem die Teilnehmer nacheinander die Lösungen vorlesen.

Lösung

1 D; 2 C; 3 A; 4 E; 5 B

5. Lesen Sie die zweite Anweisung vor. Die Teilnehmer tragen anschließend die Redewendungen ein. Dazu können sie sich mit einem Nachbarn besprechen.
6. Bitten Sie jeweils 2 freiwillige Teilnehmer, die beiden Dialoge vorzulesen. Unterstützen Sie wo nötig.

Lösung

1 out of the blue; 2 in the red; 3 black eye; 4 a white lie

7. Bilden Sie je nach Gruppengröße Zweier- oder Dreiergruppen. Geben Sie den Gruppen Zeit, einen Beispieldialog für die verbleibende Redewendung *to have green fingers* zu schreiben.
8. Bitten Sie abschließend die Gruppen, ihre Texte mit verteilten Rollen vorzulesen. Korrigieren Sie wo nötig. Prämieren Sie den originellsten Text.
9. Verteilen Sie eine Kopiervorlage 7.2 pro Teilnehmer. Erklären Sie, dass es in der folgenden Aufgabe darum geht, zu erraten, welche Farben in welchen Satzzusammenhang passen könnten.
10. Bilden Sie Zweier- oder Dreiergruppen. Die Teilnehmer nehmen sich Zeit, um den Lückentext auszufüllen.
11. Vergleichen Sie die Ergebnisse, indem die Gruppen der Reihe nach jeweils einen Satz vorlesen. Geben Sie den zuhörenden Gruppen die Zeit, zu kommentieren, bevor Sie dies selbst tun.

Erweiterung

7.2

Lösung der Kopiervorlage

1 green; 2 black; 3 white; 4 red; 5 blue; 6 red; 7 golden

12. Die Teilnehmer machen sich anschließend mit den Fragen im zweiten Teil vertraut. Diskutieren Sie die Fragen in der Gruppe.

09 A poem

16

1. Erklären Sie den Teilnehmern, dass sie mit diesem Gedicht zum Thema Schulzeit zurückkehren. Lesen Sie die Anweisung in der Randspalte vor. Bei einer schwächeren Lerngruppe schreiben Sie die folgenden Begriffe an die Tafel.

> 1 the boy
> 2 the mother
> 3 the father
> 4 the teacher

2. Die Teilnehmer lesen das Gedicht jeder für sich durch. Verständnisfragen können vorerst mit einem Nachbarn besprochen werden.
3. Fragen Sie nach möglichen Lösungen für die Fragestellung. Sollten Sie das Tafelbild übernommen haben, schreiben Sie die Strophennummer über die genannte Person.
4. Spielen Sie anschließend die CD einmal ab. Dabei lesen die Teilnehmer mit und vergleichen ihre Lösungen. Stellen Sie abschließend die richtigen Lösungen sicher, indem Sie die Personen den Strophen mündlich oder per Tafelbild zuordnen. Die Teilnehmer können die Personen neben den Strophen notieren.

Lösung

1 the boy; 2 the mother; 3 the father; 4 the teacher

5. Klären Sie Verständnisfragen.
6. Lesen Sie das Gedicht anschließend mit verteilten Rollen mit freiwilligen Teilnehmern vor. Übernehmen Sie selbst die Rolle des Lehrers. Bei weniger souveränen Gruppen spielen Sie nochmals die CD ab.
7. Bitten Sie freiwillige Teilnehmer, den zweiten Teil der Aufgabenstellung und die Sprechblasentexte vorzulesen.
8. Diskutieren Sie die Fragen in der Gruppe. Bei einer lernschwächeren Gruppe geben Sie den Teilnehmern Zeit, sich einige Notizen zu machen.

Lösung

1 Because it's a parents evening. They're waiting to see the teacher.

Hinweis

– Ungewöhnlich ist für viele Teilnehmer sicherlich die Redewendung as *cool as cucumber* in Strophe 3. Die Redewendung taucht erstmalig in einem englischen Gedicht von 1732 auf. Sie spiegelt das Volkswissen wieder, dass es auch an warmen Tagen im Inneren einer Gurke selten wärmer ist als 20° C. *As cool as a cucumber* steht somit dafür, immer *cool*, also ruhig und gelassen, zu bleiben.

10   Listening

17

1. Lesen Sie die Anweisung in der Randspalte vor. Neu sind hier die Begriffe *classmates* und *reunion*. Erklären Sie diese, indem Sie z. B. sagen: *Classmates are the people you went to school with. A reunion is when the people of one class meet again after many years.*
2. Erklären Sie, dass die Teilnehmer nun ein Gespräch zwischen Holly und Anne hören. Dabei versuchen sie, herauszuhören, über welche Schulfächer die beiden sprechen.
3. Spielen Sie die CD einmal ab.
4. Fragen Sie nach ersten Ergebnissen. Sammeln Sie die Antworten auf Zuruf. Kommentieren Sie abschließend und halten Sie die richtigen Lösungen mündlich fest. Bei einer lernschwächeren Gruppe spielen Sie die CD ein zweites Mal ab.

Lösung

Maths; Sports

5. Geben Sie den Teilnehmern Zeit, sich mit dem zweiten Teil der Aufgabe vertraut zu machen. Klären Sie Verständnisfragen.

6. Spielen Sie die CD erneut ab. Die Teilnehmer kreuzen dabei die richtigen Antworten 1–5 an.
7. Bevor die Lösungen abschließend besprochen werden, können die Teilnehmer sich mit einem Nachbarn besprechen.
8. Die Teilnehmer lesen abschließend der Reihe nach die korrekten Antworten vor. Korrigieren Sie wenn nötig.

Lösung

1 B; 2 A; 3 A; 4 B; 5 A

Erweiterung

9. Bei eine lesefreudigen Gruppe nutzen Sie das Transkript auf Seite 151 zum Lesen mit verteilten Rollen. Hier können die Teilnehmer ihre Lösungen gleichzeitig nochmals überprüfen. Weniger sichere Gruppen können alternativ Track 17 noch einmal hören und das Transkript mitlesen.

Transcript

H = Holly
A = Anne

17

H Isn't it strange to be here in our old classroom again, Anne?
A Yes, really. It seems like yesterday and it seems like a hundred years ago too! Do you remember how we used to sit under that tree out there, when it was hot? And talk about boys?
H The tree's a lot bigger than it was. Seeing these classrooms makes me nervous again. I used to hate the end of maths lessons, didn't you?
A The end? Why was that, Holly?
H Don't you remember, Anne? We had to put our chairs on our tables. And we had to answer a mental arithmetic question correctly before we were allowed to leave. I was always the last, and Mrs Dann's questions got easier and easier because she wanted to go home too!
A I don't remember that at all. I used to be pretty good at maths.
H Lucky you! Hey, is that Alison over there? Alison Blacklock?
A She didn't use to be blond, did she? I hardly recognized her!
H Really? She's still very slim – she was always fit and sporty. I think she became a professional cyclist or something. She looks great, anyway.
A She probably hasn't had any children. Who's that she's talking to?
H With the short dark hair? No idea. Only one way to find out ... hey, Alison? Remember us?
A Holly – of course. Lovely to see you! And Anne Sheldon – look at you!
A Hi Alison. Anne Renbourne now actually, married and mother of two.
A Congrats! I've had five kids, would you believe!
A Wow.
H Alison, who was that you were talking to? In the red dress?
A That's Nikki Price. She was in our class – used to wear glasses, contact lenses now.
H That's Nikki Price?! Never! She looks completely different.
A She used to be fatter than me!
A Yeah, well she's been a very successful swimmer. She nearly got into the Olympic team, she was telling me.
A Nikki Brown? She used to hate games, like me. We used to hide in the changing rooms.
A Well, that was a long time ago! But I haven't seen either of you for years – not since we left here. Tell me, how are you?

11 Round up

1. Die Teilnehmer machen sich mit der Anweisung in der Randspalte vertraut und lesen die „Zettel" an der Pinnwand durch. Neu ist hier der Begriff *school trip*. Erklären Sie auf Nachfrage *A school trip is a short journey you go on with your classmates.*

2. Die Teilnehmer wählen nun ein Thema der Pinnwand aus und machen sich dazu Notizen. Helfen Sie bei Nachfragen.

3. Bevor die Teilnehmer in die Partnerarbeit einsteigen, kann es nützlich sein, die *Language Box* auf Seite 72 zu Rate zu ziehen, um an das Redemittel *used to* zu erinnern, mit dem über Gewohnheiten in der Vergangenheit berichtet wird.

4. Bitten Sie zwei Teilnehmer, den Text in den Sprechblasen vorzulesen.

5. Die Teilnehmer suchen sich anschließend einen Partner im Raum und berichten über ihre Schulerinnerungen. Nehmen Sie aktiv an dem Austausch teil. In einer kleinen Gruppe mit bis zu vier Personen sollte jeder Teilnehmer mit mindestens zwei Teilnehmern sprechen. Beenden Sie den Austausch, wenn sich das Redeaufkommen deutlich verringert hat.

6. Fragen Sie in die Gruppen, ob jemand eine besonders interessante oder lustige Geschichte erfahren oder selbst zu erzählen hat und diese berichten möchte.

Erweiterung

7. Schulerinnerungen eignen sich sehr gut als Anregung für eine Schreibübung. Bitten Sie die Teilnehmer, bis zur nächsten Stunde eine besonders spannende, lustige oder skurrile Schulerinnerung aufzuschreiben. Diese kann natürlich auch fiktional sein. Ermuntern Sie die Teilnehmer dazu, dafür nützliche Vokabeln nachzuschauen, denn das, womit sich eine persönliche Erinnerung oder Emotion verbindet, lässt sich am besten lernen. Wenn Sie die Möglichkeit haben, lassen Sie sich die Texte vor der nächsten Englischstunde per E-Mail zusenden, um diese vorzukorrigieren.

8. Wählen Sie zwei Geschichten für die nächste Stunde aus und lassen Sie diese vorlesen. Vielleicht haben Sie die Möglichkeit, alle Geschichten in einem kleinen Heft zu sammeln und zu binden?

Ideenpool

▸ **Aufgabe 07**

1. Übernehmen Sie das Tafelbild an den oberen Teil der Tafel.

We used to ... / we didn't use to ...

1960　　　1980　　　2000

2. Bilden Sie je nach Kursgröße zwei oder drei Gruppen. Geben Sie jeder Gruppe die Aufgabe, sich für jedes Jahr in dem Zeitstrahl mindestens zwei Sätze mit *used to* und zwei Sätze mit *didn't use to…* zu überlegen.

3. Versammeln Sie sich mit den Teilnehmern vor dem Tafelbild und bitten Sie die Gruppen, ihre Ideen vorzustellen und dabei als Notizen unter der jeweiligen Jahreszahl einzutragen.

4. Gibt es etwas, an das sich alle Teilnehmer gerne erinnern? Was möchten wir heute nicht mehr vermissen?

➤ **Aufgabe 09**

1. Nutzen Sie das Gedicht in 09 zu einem Vergleich von Schule damals und heute. Beginnen Sie mit der Frage *When do you think the poem was written?* Sammeln Sie freiwillige Antworten durch Zuruf und fragen Sie nach den Textstellen, aus denen die Teilnehmer dies entnehmen.

2. Bitten Sie die Teilnehmer, sich das Foto in der Randspalte anzuschauen. Fragen Sie *What do you think, which subject does this teacher teach? Do you think she likes her job? Is she a strict teacher?* Sammeln Sie freiwillige Eindrücke.

3. Übernehmen Sie das folgende Zitat an die Tafel:

> There are three good reasons to be a teacher — June, July, and August.
> Author unknown

4. Diskutieren Sie abschließend *Do you think being a teacher was easier 20 years ago? Do you have any teachers in your family? What do they tell you about school today?*

Hausaufgaben

Extra Practice Reminder:

☐ p._____ No. _____ _____ _____

☐ p._____ No. _____ _____ _____

☐ p._____ No. _____ _____ _____

☐ _____

☐ _____

Lernziele

Abläufe beschreiben; Anweisungen geben

1. Das dritte Video (Film 3) beschäftigt sich mit Dublin und besteht aus drei Teilen: *Irish pubs in Dublin: 0:00–2:09; the history of the Guinness company and how they make their beer: 2:10–4:09; how to pour a pint of Guinness properly: 4:10–end.* Erklären Sie, dass sich dieser Film mit Dublin und dem berühmtesten Getränk der Stadt beschäftigt. Fragen Sie: *Can you guess what that might be?* Wenn die Teilnehmer Guinness kennen, bitten Sie, den Namen anzuschreiben.
2. Erklären Sie, dass Sie nun den ersten Teil des Videos abspielen werden. Spielen Sie das Video bis 2:09 ab.
3. Sammeln Sie erste Eindrücke per Nachfrage: *How do you like the video so far? Have you ever been to an Irish pub?* Brainstormen Sie Eindrücke und Erfahrungen.
4. Spielen Sie diesen Teil des Videos ein zweites Mal ab und stellen Sie dazu die Fragen in der Randspalte an der Tafel.
5. Stoppen Sie das Video erneut bei 2:09. Fragen Sie in die Gruppe, welche Antworten die Teilnehmer herausgehört haben. Übernehmen Sie diese an die Tafel. Erklären Sie, dass das Wort *craic* aus dem irischen Gälisch kommt. Fragen Sie, ob jemand die Erläuterung zu dem Wort im Video erinnert. Spielen Sie bei Bedarf das Videos nochmals von 0:36–0:42 ab. Übernehmen Sie diese Wörter unter den Begriff *craic* an die Tafel: *good fun, a friendly atmosphere and a bit of chat or gossip.* Klären Sie Verständnisfragen.

> *What are the three main elements to an Irish pub? What is a hen or a stag night?*

Beispiellösung

> *beer, live music, craic; a hen night is a purely female pre-wedding party for the bride, a stag night is a pre-wedding party for the groom and his male friends*

6. Spielen Sie den nächsten Teil des Videos von 2:10–4:09 ab. Brainstormen Sie auch hier erste Eindrücke. Schreiben Sie anschließend diese drei Wörter an die Tafel: *hops, water, barley.*
7. Stellen Sie die folgende Frage an der Tafel: *What does the video say about these three components?* und spielen Sie anschließend den zweiten Teil erneut ab.
8. Fragen Sie danach, wie die Teilnehmer die Frage beantworten würden. Spielen Sie bei Bedarf das Video nochmals von 3:20–3:36 ab.

Beispiellösung

> *Guinness has twice as many hops as other beers. The water comes from springs in the mountains. They roast the barley.*

9. Spielen Sie den letzten Teil des Videos von 4:10 bis zum Ende ab. Fragen Sie z. B. *What do you remember about pouring a pint of Guinness?* Brainstormen Sie.
10. Spielen Sie aufgrund des Akzentes das gesamte Video erneut mit Untertiteln ab.
11. Bilden Sie Zweiergruppen, die sich zu dem Zapfprozess Notizen machen.
12. Eine erste Zweiergruppe beschreibt den Zapfprozess. Ein Teilnehmer steht vor der Klasse und stellt dabei pantomimisch die Anweisungen dar. Dann wechselt der „Schauspieler" und die nächste Gruppe beschreibt. Welche Beschreibung hat am besten funktioniert?

Hinweis

– Auf Seite 127–128 finden Sie die *Video Exercises*, die eigenständig oder zu Hause gelöst werden können. (Lösung *1 B; 2 A; 3 B; 4 C; 5 C; 6 A*)

Consolidation

Consolidation Units bieten Ihnen die Möglichkeit, Wortschatz und Grammatik aus den vorangegangenen Units zu vertiefen, aufzufrischen und zu erweitern.

Lernziele	• Wiederholen und Vertiefen der Lernziele aus Unit 5–7 • Small Talk
Grammatik	• *each other*
Materialien	• Aufgabe 05:　Kopiervorlage 8.1, eine Kopie pro Teilnehmer • Ideenpool:　kleine Karten

Picture

1. Schauen Sie sich mit den Teilnehmern das Foto an. Laden Sie die Teilnehmer ein, über die beiden Personen zu spekulieren. Fragen Sie z. B. *Do you think they are meeting for the first time? Where and why are they meeting?*
2. Sammeln Sie Antworten per Zuruf und besprechen Sie diese in der Gruppe.

01　Warm up

1. Lesen Sie die Anweisung in der Randspalte vor und bitten Sie einen Teilnehmer, die Anweisung in der Aufgabe vorzulesen. Neu ist das Wort *date*, das die meisten Teilnehmer sicherlich als Anglizismus kennen.
2. Geben Sie den Teilnehmern Zeit, die Fragen 1–3 zu vervollständigen und anschließend weitere Fragen zu sammeln.

Beispiellösung

1 Where do you live?; 2 What do you do in your free time?; 3 Where do you usually go on holiday?

3. Sammeln Sie weitere Fragen per Zuruf und notieren Sie die Vorschläge gemeinsam an der Tafel.
4. Drei freiwillige Teilnehmer lesen die Sprechblasen vor.
5. Bitten Sie die Teilnehmer anschließend, im Raum herumzugehen und jeweils zwei Personen zu befragen. Nehmen Sie aktiv an der Fragerunde teil.
6. Die Teilnehmer können abschließend der Gruppe ihre spannendsten Frageergebnisse berichten.

| Hinweis | – Das Wort *date* bedeutet sowohl Rendesvouz als auch Datum. Ein geschäftliches Treffen ist ein *appointment*. |

---

02 Speed dating

🎧 🕐
20

1. Lesen Sie die Anweisung und Frage in der Randspalte vor.
2. Schreiben Sie **speed dating** an die Tafel. Fragen Sie *Does anybody know what speed dating is?* Sammeln Sie mögliche Antworten der Teilnehmer per Zuruf.
3. Schauen Sie sich gemeinsam den Cartoon in der Randspalte an. Lesen Sie den Text vor und geben Sie den Teilnehmern Zeit, den Text aus dem Bildkontext heraus zu verstehen, bevor Sie erläutern. Neu ist hier der Ausdruck *the opposite sex*. Erklären Sie z. B. *The opposite sex of a woman is a man.*
4. Fordern Sie die Teilnehmer anschließend auf, den Text aus der Randspalte zu lesen. Stellen Sie sicher, dass alle Teilnehmer das Prinzip *speed dating* verstehen.
5. Erläutern Sie, dass die Teilnehmer einen Text und anschließend ein Gespräch zwischen Kirsty und Adam hören werden. Übernehmen Sie die Frage aus der Randspalte an die Tafel. Unterstützen Sie bei Nachfragen.
6. Spielen Sie nun die CD einmal ab. Die Teilnehmer lesen dabei den Text mit und versuchen, die Antwort auf die Frage aus der Randspalte zu hören.
7. Fragen Sie nach der Lösung auf die Frage und übernehmen Sie diese an die Tafel.

Lösung

jazz

8. Geben Sie den Teilnehmern Zeit, nach unbekannten Wörtern zu fragen.
9. Spielen Sie die CD abschließend nochmals ab.

Variante zu 4.

🕐

4. Geben Sie den Teilnehmern Zeit, den Einleitungstext vorerst still zu lesen. Klären Sie Nachfragen.

---

03 Quick check

🕐

1. Bitten Sie einen Teilnehmer, die Anweisung in der Randspalte vorzulesen.
2. Laden Sie die Teilnehmer ein, diese Aufgabe jeder für sich zu lösen. Unterstützen Sie wo nötig.
3. Lassen Sie nacheinander die Sätze mit den angekreuzten Lösungen vorlesen.
4. Geben Sie der Gruppe Zeit, die Lösungen zu kommentieren, bevor Sie bestätigen oder verbessern. Bei Unsicherheiten fragen Sie konkret nach *Where in the text did you find this?*

Lösung

1 Adam; 2 Adam; 3 Kirsty; 4 Kirsty; 5 Adam; 6 Adam

Hinweis

– Auch hier können Sie die CD nochmals abspielen, so dass die Teilnehmer ihre Lösungen nachhören können.

04 Talk about the text

1. Die Teilnehmer lesen jeder für sich die Fragen 1–6 der Aufgabe durch. Klären Sie Verständnisfragen.
2. Geben Sie den Teilnehmern Zeit, mögliche Antworten auf die Fragen 1–4 zu suchen. Dazu können sie sich mit einem Nachbarn besprechen.
3. Bitten Sie dann einen Teilnehmer, die erste Frage vorzulesen. Sammeln Sie mögliche Antworten per Zuruf.
4. Verfahren Sie ebenso mit den Fragen 2–4.

Lösung

1 It's for single people who are looking for a relationship.; 2 People who want to meet / to see each other again.; 3 Were you in a relationship?, 4 It might be embarrassing (to tell someone that you don't want to see him/her again).

5. Ein Teilnehmer liest die Frage 5 vor. Bitten Sie die Teilnehmer, diese Frage in Zweier- oder Dreiergruppen zu diskutieren.
6. Übernehmen Sie derweil das Bild aus der Randspalte an die Tafel.
7. Die Gruppen stellen ihre Ergebnisse nacheinander vor, wobei ein Gruppenmitglied diese als Notizen in die Kategorien an der Tafel einträgt. Sollten Mehrfachnennung von Vor- oder Nachteilen auftauchen, bitten Sie darum, diese an der Tafel mit Senkrechtstrichen zu markieren. So ergibt sich ein Bild davon, welche Punkte den Gruppen besonders wichtig waren.
8. Nutzen Sie das Tafelbild zu einer abschließenden gemeinsamen Diskussion: *Do you think speed dating is very popular? Why/not?*
9. Bitten Sie einen Teilnehmer, die Frage 6 vorzulesen. Da dies eine recht persönliche Frage ist, empfiehlt es sich, hier nur auf freiwillige Antworten zurückzugreifen, ohne einzelne Teilnehmer direkt anzusprechen.

Speed dating
advantages   disadvantages

Hinweise

– Bei einer lernschwächeren Gruppe geben Sie den Teilnehmern Zeit, sich Notizen zu den Fragen zu machen, bevor diese in der Gruppe diskutiert werden.
– Die Frage 5 eignet sich gut als schriftliche Hausaufgabe. Wenn Sie die Möglichkeit haben, bitten Sie die Teilnehmer, Ihnen eine Leserzuschrift vor der nächsten Stunde per E-Mail zukommen zu lassen. Dies gibt Ihnen die Gelegenheit zu einem persönlichen Feedback und spart aufwendige Korrekturzeit während der Englischstunde. Sammeln Sie stattdessen in mehreren Texten wiederkehrende Fehler und besprechen Sie diese ohne Nennung der Teilnehmer.

05 Practice

1. Die Teilnehmer lesen zu Beginn die Aufgabenstellung durch.
2. Erläutern Sie, dass es bei dieser Aufgabe um das Formulieren von Fragen in allen bisher bekannten Zeitformen geht. Dazu kann es nützlich sein, mit den Teilnehmern die Übersicht in den Grammatikerläuterungen auf Seite 134 durchzulesen.
3. Lesen Sie Antwort und Frage 1 vor.
4. Betonen Sie, dass es notwendig ist, zuerst die Antwort anzuschauen und dann die Frage zu bilden. Geben Sie den Teilnehmern Zeit, die Aufgabe jeder für sich zu lösen. Dabei können sich die Teilnehmer mit einem Nachbarn besprechen.
5. Die Teilnehmer lesen abschließend der Reihe nach ihre Lösungen vor. Geben Sie der Gruppe Zeit, die vorgeschlagenen Lösungen zu kommentieren, bevor Sie dies selbst tun.

Lösung

> *2 you been married?; 3 do you do for fun / like doing in your free time?; 4 will you be five years from now?; 5 kind/sort of music do you like?; 6 did you come (here tonight)?*

Erweiterung

6. Die Teilnehmer können zur Wiederholung die Namen der Zeitformen neben den jeweiligen Sätzen notieren.

Lösung

> *1 simple present; 2 present perfect; 3 simple present; 4 will-future; 5 simple present; 6 simple past*

Hinweis

– Die Lösungen können in den Formulierungen gegebenenfalls von den hier angegebenen Lösungen abweichen.

Erweiterung

8.1

7. Bilden Sie zwei Gruppen. Verteilen Sie ein *Answer Board* der Kopiervorlage 8.1 pro Gruppe.
8. Erklären Sie, dass es in diesem Spiel darum geht, Fragen in verschiedenen Zeiten zu stellen. Ziel der Fragegruppe ist es, die Fragen so zu stellen, dass die Antwortgruppe eine Antwort gibt, die sich auf dem *Answer Board* befindet. Diese darf dann weggestrichen werden. Es sind ausschließlich Kurzantworten erlaubt. Bekommt die Fragegruppe eine Antwort, die keinem Fragefeld entspricht, darf die andere Fragegruppe fortfahren. Wer zuerst alle Felder durchgestrichen hat, hat gewonnen. Übernehmen Sie dabei die Schiedsrichterrolle.
9. Geben Sie ein Beispiel zusammen mit der ersten Fragegruppe. Zeigen Sie auf das erste Antwortfeld oben links und fragen Sie einen Teilnehmer so, dass er mit dieser Antwort antworten muss, z. B. *(Marion), have you ever seen a musical?* Besonders gut klappt dies natürlich, wenn Sie Ihre Kenntnisse über die Teilnehmer einbringen können.
10. Stimmt die Antwort mit dem Feld überein, streichen Sie dieses durch und bitten den nächsten Teilnehmer der Fragegruppe, eine Frage zu formulieren.

06 Practice

1. Diese Aufgabe wiederholt Aussagen mit *used to*, die in Unit 7 eingeführt wurden. Es kann nützlich sein, mit den Teilnehmern die Übersicht in den Grammatikerläuterungen auf Seite 141 durchzulesen. Die Teilnehmer lesen zu Beginn die Aufgabenstellung durch.
2. Bitten Sie einen Teilnehmer, die Sätze in 1 vorzulesen. Nehmen Sie den ersten Satz zum Anlass, die Form *used to* nochmals kurz einzuüben. Fragen Sie den Vorleser *What about you (Holger)? Where did you use to live when you were a child / younger?* Ermutigen Sie den Teilnehmer, unter Verwendung von *used to* zu antworten.
3. Geben Sie den Teilnehmern anschließend Zeit, die Aufgabe jeder für sich zu lösen. Dabei können sie sich mit einem Nachbarn besprechen.
4. Vergleichen Sie die Lösungen, indem die Teilnehmer abschließend ihre Lösungen der Reihenfolge nach vorlesen. Korrigieren Sie wo nötig.

Lösung	*2 She used to work in a bar.; 3 She used to drive a sports car.; 4 He used to do internet dating.; 5 They used to go to the same school.*
Hinweis	– Weisen Sie gegebenenfalls nochmals darauf hin, dass nach der Form *used to* der Infinitiv gebraucht wird. Übernehmen Sie dazu den ersten Lösungssatz an die Tafel. Unterstreichen Sie den Infinitiv. Vertiefen Sie diesen Aspekt, indem Sie z. B. anfügen *I used to live in (Bremen) 10 years ago*. Übernehmen Sie auch diesen Satz an die Tafel und unterstreichen Sie erneut den Infinitiv.

07 LANGUAGE

▶ Grammatikseite 141

1. Zwei Teilnehmer lesen die Beispiele in der *Language Box* vor.
2. Sie können *each other* mit einem einfachen Beispiel erklären. Verweisen Sie auf zwei Teilnehmer des Kurses und sagen Sie z. B. *(Petra) and (Judith) know each other*.
3. Fordern Sie die Teilnehmer auf, sich mit einem Nachbarn noch ein weiteres Beispiel zu überlegen.
4. Sammeln Sie die Beispielsätze per Zuruf an der Tafel. Unterstützen Sie wenn nötig.

08 Practice

1. Die Teilnehmer lesen die Anweisung in der Randspalte durch.
2. Verweisen Sie im Vorhinein auf das neue Wort *text* in Satz 3. Erklären Sie *To text means to send somebody a short message, usually with a mobile phone*.
3. Die Teilnehmer können die Aufgabe im Anschluss jeder für sich bearbeiten.
4. Vergleichen Sie die Lösungen abschließend, indem ein freiwilliger Teilnehmer seine erste Lösung vorliest. Geben Sie auch hier zuerst der Gruppe die Gelegenheit, die Lösung zu kommentieren, bevor Sie dies tun.

Lösung	*2 They liked each other.; 3 They can text each other.; 4 they want to see each other again?*
Hinweis	– Das deutsche Verb „smsen" oder „simsen" ist nicht ins Englische übertragbar. Es heißt *to text somebody* und nicht *to sms somebody*.

09 Practice

```
since          for
since when?    how long?
(Zeitpunkt)    (Zeitraum)
```

1. Lesen Sie zunächst die Anweisung in der Randspalte vor. Schreiben Sie *for* und *since* an die Tafel. Fragen Sie die Teilnehmer danach, ob sie sich an die Regel zur Verwendung erinnern: *When do you use for and when do you use since?*
2. Sammeln Sie Antworten auf Zuruf. Ihr abschließendes Tafelbild könnte aussehen wie hier.
3. Bei Unklarheiten lesen Sie mit den Teilnehmern die Grammatikerläuterungen auf Seite 138 durch.
4. Die Teilnehmer lösen anschließend die Aufgabe in Zusammenarbeit mit einem Nachbarn.

5. Vergleichen Sie zur Abwechslung die Lösungen, indem ein Teilnehmer den ersten Satz vorliest und einen Teilnehmer seiner Wahl nach dessen Lösung fragt: *(Astrid), what does your sentence look like?* Der Angesprochene bestätigt die Lösung oder liest seine Variante vor. Geben Sie der Gruppe Zeit, die Lösungen zu kommentieren, bevor Sie dies selbst tun.

6. Der Angesprochene liest den nächsten Satz vor und befragt seinerseits einen weiteren Teilnehmer. Fahren Sie so fort, bis alle Sätze richtig vorgelesen wurden.

Lösung

1 since; 2 since; 3 for; 4 for; 5 since; 6 for

10   **Listening**

21

1. Erklären Sie, dass die Teilnehmer nun ein Gedicht zum Thema Small Talk hören werden. Ermuntern Sie die Teilnehmer, zur Einstimmung in das Thema über mögliche Themen zu spekulieren. Fragen Sie z. B. *What do you think: which topics could a poem about small talk be about?*

2. Bitten Sie die Teilnehmer, die Bücher zu schließen und erklären Sie, dass sie ein Gedicht hören werden. Ihre Aufgabe ist es, so viel wie möglich zu verstehen. Spielen Sie die CD einmal ab.

3. Fragen Sie nach den ersten Eindrücken *What was the poem about?* Sammeln Sie auf Zuruf Inhalte, die die Teilnehmer schon verstanden haben.

4. Übernehmen Sie die Small Talk Themen aus der Randspalte im Buch an die Tafel. Geben Sie den Teilnehmern Zeit, sich die Themen auf einem Zettel zu notieren.

5. Erklären Sie, dass die Teilnehmer das Gedicht ein zweites Mal hören werden und dabei entscheiden sollen, welches der Themen an der Tafel nicht vorkommt.

6. Spielen Sie die CD ein zweites Mal ab.

7. Fragen Sie nach, wer heraushören könnte, welches Thema nicht genannt wurde. Sammeln Sie Antworten per Zuruf. Kreuzen Sie das Thema *work* an der Tafel an.

Lösung

work

8. Die Teilnehmer öffnen nun die Bücher auf Seite 83. Bitten Sie freiwillige Teilnehmer, jeweils eine Strophe des Gedichtes vorzulesen.

9. Klären Sie unbekannte Begriffe. *Spring* lässt sich leicht erklären als *the time before summer.*

Erweiterung

10. Die Teilnehmer versuchen in Zweiergruppen, die Aussagen in dem Gedicht zwei Sprechern zuzuordnen, die sie mit A und B kennzeichnen.

11. Bitten Sie dann freiwillige Teilnehmer, das Gedicht mit verteilten Rollen vorzulesen. Die anderen Teilnehmer vergleichen beim Zuhören ihre Rollenaufteilung. Sind alle zu demselben Ergebnis gekommen?

Variante zu 6.

6. Bei einer leseschwächeren Gruppe spielen Sie die CD ein drittes Mal ab und die Teilnehmer lesen das Gedicht dabei mit.

Beispiellösung

Small talk

A Oh, would you like to sit here?
A It's nice to have a talk.
B I'd love a cup of coffee.
B I've just been for a walk.

A You haven't changed at all, you know.
B Where did you get those shoes?
A I've no idea what's happening,
A So tell me all the news.

B Our daughter's in Australia.
A Our son's in Liverpool.
B And how are all your grandchildren?
B And have they started school?

A I want to run a marathon.
A I'm trying to get fit.
A I won't have any cake, thank you.
A All right then, just a bit.

B And what about the weather?
B It's been so cold today.
A But the days are getting longer,
A And spring is on the way.

A I saw the film last weekend,
A But I haven't read the book.
B I went with Liz and Mary.
B Here's a photo that I took.

A In June we're going to Tenerife.
A It's what we always do.
B Well, that's a place I've never been.
B I really like Corfu.

A It's been so nice to talk to you.
B I hope you catch your train.
A I will do if I hurry up.
B Oh no! Here comes the rain.

---

11 Round up

1. Die Teilnehmer machen sich mit der Aufgabenstellung vertraut und notieren einige Ideen für ein Small Talk Gespräch.
2. Laden Sie die Teilnehmer ein, Zweiergruppen zu bilden. Die Zweiergruppen nehmen ihre Stühle und setzen sich im Raum gegenüber. Erläutern Sie, dass die Teilnehmer nun eine Runde *Speed Small Talk* machen werden. Dazu nutzen die Teilnehmer die zuvor gemachten Notizen. Geben Sie ein Start- und nach einer Minute ein Stopp-Zeichen. Anschließend wechselt jeweils ein Teilnehmer seine Zweiergruppe. Verfahren Sie wie zuvor.
3. Beenden Sie die ersten zwei Runden. Fragen Sie nach den ersten Eindrücken *What went well and what didn't? Was there anything that you wanted to say, but couldn't?* Sammeln Sie Hilfestellungen für die fehlenden Ausdrücke an der Tafel.
4. Erklären Sie, dass die Teilnehmer sich nun einen neuen Partner für eine weitere Small Talk Runde suchen. Lassen Sie den Teilnehmern Zeit, sich einen neuen Partner zu suchen. Geben Sie danach ein Zeichen zum Beginn der letzten Runde. Stoppen Sie die Übung nach ca. 1 Minute. Die Teilnehmer kehren an ihre Plätze zurück.
5. Sammeln Sie anschließend *useful phrases*, die die Teilnehmer als besonders nützlich empfunden haben. Fragen Sie dazu *Which phrases worked the best in your chats?*
6. Sammeln Sie die Ausdrücke per Zuruf an der Tafel.

Hinweis

– Sollten die Teilnehmer Schwierigkeiten damit haben, sich frei über diverse Themen zu unterhalten, bitten Sie für die erste Runde jeweils zwei Teilnehmer, ein gemeinsames Thema vorzubereiten, über das sie sich unterhalten.

Ideenpool

▸▸ **Aufgabe 08**

1. Bereiten Sie Kärtchen vor, auf denen Sie Tätigkeiten mit dem Ausdruck *each other* notieren. Hier einige Beispiele:
   to laugh at each other, email each other, take a photo of each other, follow each other, sing to each other, dance with each other …
2. Jeweils zwei Teilnehmer erhalten eine Karte und müssen pantomimisch darstellen, was sie „gegenseitig" tun. Die Gruppe rät und bildet entsprechende Sätze, z. B. *Karl and Karla are taking photos of each other.*
3. Die richtig erratenen Tätigkeiten können von einem Teilnehmer an der Tafel notiert werden.

▸▸ **Aufgabe 09**

1. Bereiten Sie für jeden Teilnehmer zwei Karten vor, eine Karte mit *since* und eine mit *for*. Verteilen Sie jeweils zwei Karten pro Teilnehmer.
2. Erläutern Sie, dass Sie nun einige Sätze vorlesen werden, in denen jeweils die Wörter *for* oder *since* fehlen. Hier einige Beispielsätze, die Sie natürlich erweitern können:
   You haven't changed [since] I met you.
   I haven't been to the gym [for] weeks.
   We have learned English [for] 3 months.
   [Since] when have you been married? [For]how long have you been married?
   My sister has worked in a restaurant [for] 10 years now.
   We have been to three concerts [since] the beginning of this month.
   Geben Sie für die Lücke ein hörbares Zeichen, wie z. B. ein Fingerschnipsen oder Klatschen.
3. Die Teilnehmer halten jeweils die Karte hoch, von der sie meinen, dass sie die Lücke füllt. Besprechen Sie die Lösung mit den Teilnehmern von Satz zu Satz gemeinsam.

What have I learned in Units 5–8?

In dieser Rubrik können sich Ihre Teilnehmer selbst testen, ihren Lernstand überprüfen und eventuellen Übungsbedarf herausfinden.

Lösung

1 sight; 2 place; 3 was; 4 got; 5 sense; 6 chat; 7 for; 8 since; 9 greet; 10 each; 11 used to; 12 lazy; 13 kind; 14 didn't

Tradition & celebrities

Lernziele	• Über Königliche Familien sprechen
	• Über Promis sprechen
	• Bräuche und Traditionen darstellen
	• Besuchenswerte Orte und Sehenswürdigkeiten
	• London als Reiseziel
Grammatik	• Das Passiv: einfache Gegenwart und einfache Vergangenheit
Materialien	• Aufgabe 03: Kopiervorlage 9.1, eine Kopie der oberen Hälfte pro Teilnehmer
	• Aufgabe 07: Kopiervorlage 9.2, eine Kopie pro Zweiergruppe

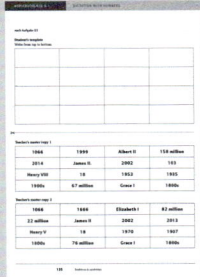 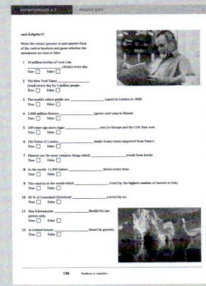

Picture

1. Übernehmen Sie das Wort *celebrities* an die Tafel. Fragen Sie, ob jemand die Bedeutung des Wortes schon kennt: *What is a celebrity?* Erklären Sie bei Bedarf *A celebrity is a famous person like a rock star or an actress.*
2. Fragen Sie die Teilnehmer *Can you imagine where the celebrities in the picture are?*

---

01   **Warm up**

1. Bitten Sie die Teilnehmer, sich die Fotos auf Seite 90 anzuschauen. Lesen Sie die Fragen in der Randspalte vor. Geben Sie den Teilnehmern Zeit, sich zunächst zu Frage 1 und 2 mit einem Nachbarn zu besprechen.
2. Sammeln Sie die Antworten auf Zuruf. Dabei können Sie die Ländernamen zur Wiederholung der Schreibweise an die Tafel übernehmen.

Lösung

Couples in photos: 1 Prince Daniel and Princess Victoria of Sweden; 2 Prince William Duke of Cambridge and Catherine Duchess of Cambridge; 3 King Willem-Alexander and Princess Maxima of the Netherlands; 4 Prince Albert II and Charlene Princess of Monaco

3. Bitten Sie für die dritte Frage einen Teilnehmer, die Rolle des Quizmasters zu übernehmen und die Fragen vorzulesen. Die Teilnehmer lesen dabei mit. Nach jeder Frage geben Sie den Teilnehmern Bedenkzeit. Lassen Sie sich die Antworten geben.

Lösung

Quiz: son of Grace Kelly: Prince Albert II; married fitness trainer: Princess Victoria of Sweden; became king when mother still living: Willem-Alexander of the Netherlands; married a non-royal: all of them

4. Die Teilnehmer lesen die Frage oberhalb der Sprechblasen. Drei Teilnehmer lesen die Sprechblasentexte vor. Bitten Sie die Teilnehmer, die Fragen ähnlich wie in den Sprechblasen mit einem Nachbarn zu besprechen. Neu ist hier u. a. das Wort *curious*. Erklären Sie das Wort, indem Sie sagen *A curious person wants to know everything about everybody.*
5. Sammeln Sie anschließend die Antworten auf Zuruf in der Gruppe.

02   Text

22

1. Lesen Sie die Aufgabenstellung in der Randspalte vor und klären Sie Verständnisfragen. Achtung: die Kommentare zum Text werden in 04 bearbeitet.
2. Spielen Sie die CD anschließend einmal ab. Die Teilnehmer hören nur zu und versuchen, die Frage aus der Randspalte zu beantworten.
3. Fragen Sie anschließend, ob jemand schon die Frage beantworten kann. Sammeln Sie freiwillige Antworten und bestätigen Sie die richtige Lösung.

Lösung

the Queen

4. Klären Sie unbekannte Wörter im Text und spielen Sie die CD ein zweites Mal ab, wobei die Teilnehmer den Text mitlesen und ihre Antworten überprüfen können.
5. Laden Sie fünf freiwillige Teilnehmer ein, den Text selbst vorzulesen. Teilen Sie den Text gemäß den Absätzen ein, wobei sich der längere Textabschnitt neben dem Foto nach … *and the country will fall* unterteilen lässt. Unterstützen Sie bei Ausspracheschwierigkeiten.
6. Spielen Sie die CD gegebenenfalls nochmals ab. Die Teilnehmer hören dieses Mal bei geschlossenen Büchern zu, um das Hörverständnis zu vertiefen.

Erweiterung

7. Fragen Sie nach möglichen Reiseerfahrungen der Teilnehmer: *Has anybody visited the Tower of London? Has anybody ever seen the crown jewels?* Besprechen Sie mögliche Antworten in der Gruppe.

Hinweis

– Vielleicht haben Sie die Gelegenheit, noch weitere Bilder des *Tower of London* und einiger Beefeater z. B. aus Reiseführern für die Stunde mitzubringen, um das Gebäude und die Kostüme zu zeigen. Sofern Sie während der Stunde Internetzugang haben, können Sie dort suchen.

Background

The Yeoman Warders at the Tower of London are better known as Beefeaters. Their name probably comes from a time when they were paid partly in meat. Their job is to guard the monarch's Crown Jewels, but today they are really tour guides and a tourist attraction. William the Conqueror became Duke of Normandy when he was only 8. He believed that he was in line for the crown of England, so 30 years later when he was a powerful nobleman and Harold of Wessex became king of England, William invaded. This was the famous Battle of Hastings, in 1066. Harold was killed and the Norman period of British history began.

03 Quick check

1. Die Teilnehmer lesen die Aussagen jeder für sich durch und ordnen die Zahlen den Begriffen zu. Dazu kann der Text in 02 nochmals durchforstet werden. Anschließend können sie sich mit einem Nachbarn besprechen.
2. Zum Abgleich bitten Sie einen Teilnehmer, die erste Zahl vorzulesen. Der Nachbar nennt seine Zuordnung. Geben Sie der Gruppe Zeit, die Lösung zu kommentieren, bevor Sie dies selbst tun. Bei Unklarheiten fragen Sie nach: *Can you show us the answer in the text?*
3. Die antwortende Person nennt nun ihrerseits die nächste Zahl und der Nachbar fährt mit seiner Lösung fort, bis alle Sätze vorgelesen wurden.

Lösung

1 D; 2 E; 3 C; 4 B; 5 A

Erweiterung

9.1

4. Schneiden Sie die Kopiervorlage 9.1 in der Mitte durch und verteilen Sie eine obere Hälfte pro Teilnehmer.
5. Bitten Sie die Hälfte der Teilnehmer, Gruppe 1, den Raum zu verlassen.
6. Erklären Sie der verbleibenden Gruppe 2, dass Sie ihnen nun eine Reihe von Namen und Zahlen vorlesen werden, die diese in die Kästchen auf der Kopiervorlage eintragen sollen. Lesen Sie anschließend die Zahlen und Namen in einem der Gruppe angemessenem Tempo vor, aber nur einmal. Bitten Sie die Teilnehmer, ihr ausgefülltes Blatt „geheim zu halten".
7. Rufen Sie die Gruppe 1 wieder in den Raum. Bilden Sie anschließend Zweiergruppen. Bei einer ungeraden Anzahl spielen Sie selber mit.
8. Die Zweiergruppen setzen sich im Raum gegenüber, wobei das ausgefüllte Blatt verdeckt sein sollte.
9. Bitten Sie die Teilnehmer der Gruppe 1, ihren Partnern die Zahlen auf ihren Blättern vorzulesen. Die Partner aus der Gruppe 2 schreiben mit.
10. Vergleichen Sie abschließend die ursprüngliche Zahlenreihe, indem Sie die Zahlen erneut vorlesen. Wie viele Zahlen sind dem Diktat zum Opfer gefallen? Welche waren besonders schwierig zu hören und zu schreiben? Geben Sie für solche Rückmeldungen gegebenenfalls weitere Beispiele an der Tafel. Verteilen Sie einen *Numbers Award* an die Zweiergruppe, deren Blätter vollständig übereinstimmen.
11. Bei Bedarf verlässt nun Gruppe 2 den Raum und der Ablauf wiederholt sich mit der *Teacher's master copy 2*.

04 Talk about the text

1. Die Fragen 1 und 2 beziehen sich auf den Text 02 über den Tower; die Fragen 3–5 beziehen sich auf die Kommentare unterhalb des Textes. Bitten Sie die Teilnehmer, vorerst die Fragen 1 und 2 durchzulesen und die Antworten in dem Text zu suchen.
2. Sammeln Sie anschließend die Antworten. Da die Antwort auf die Frage 1 unterschiedlich formuliert werden kann, übernehmen Sie eine Beispielantwort an die Tafel.
3. Verfahren Sie ebenso mit Frage 2.
4. Die Teilnehmer lesen nun die Fragen 3–5. Vor der Beantwortung der Fragen empfiehlt es sich, erneut die Kommentare in Text 02 zu lesen. Bitten Sie drei freiwillige Teilnehmer, diese vorzulesen.
5. Jeder Teilnehmer beantwortet nun die Fragen für sich und kann sich dazu mit einem Nachbarn besprechen und Notizen machen.

6. Sammeln Sie die Antworten auf Frage 3 durch Zuruf.
7. Bei Frage 4 bitten Sie anschließend alle Teilnehmer, die mit dem Kommentar von Claudia übereinstimmen, eine Gruppe zu bilden. Verfahren Sie ebenso mit denen, die diesen Kommentar ablehnen. Geben Sie den Pro- und Kontragruppen Zeit, zusammenzukommen und über ihre Meinungen zu diskutieren.
8. Sammeln Sie anschließend die Meinungen der Befürworter und der Gegner. Notieren Sie die Argumente in Stichworten an der Tafel. Gib es eine Mehrheit für eine Meinung?
9. Bearbeiten Sie Frage 5, indem ein Teilnehmer mit einer ersten Antwort beginnt und seinerseits einen weiteren Teilnehmer im Raum anspricht und nach dessen Meinung befragt. Ermutigen Sie die Gruppe zu Nachfragen. Gibt es einen gemeinsamen Trend?

Lösung

1 That at least six ravens must live there, or the country will fall.; 2 Money and weapons.; 3 Probable answer: No, Britain can't afford these traditions.

Hinweis

– Die Frage 5 eignet sich sehr gut als Hausaufgabe. Bitten Sie die Teilnehmer dazu, einen Kommentar mit nicht mehr als 5 Sätzen zu verfassen, in dem sie ihre Meinung begründen. Wenn Sie die Möglichkeit haben, lassen Sie sich die Kommentare per E-Mail zusenden.

05 LANGUAGE

▶ Grammatikseite 139

1. Vier Teilnehmer lesen die Beispielsätze in der *Language Box* vor.
2. Erklären Sie, dass das Passiv ausdrückt, dass mit dem Subjekt etwas getan wird, hier also der *Tower of London*. Hier kann die Übersetzung hilfreich sein: ‚Der *Tower of London* wird von vielen Touristen besichtigt.' In einem Aktivsatz dagegen handelt das Subjekt selbst.
3. Übernehmen Sie *is/are visited* an die Tafel. Bitten Sie die Gruppe, zur Einübung der Form einen Satz zu bilden, der ihre Stadt oder Gegend miteinbezieht. Sammeln Sie die Ergebnisse von freiwilligen Teilnehmern und übernehmen Sie zwei Beispiele an die Tafel.

Beispiellösung

Rüdesheim is visited by many tourists from the USA.; The museums of Berlin are visited by millions of tourists.

present	past

present	past
is known	was built
are kept	were built
are seen	were made
are taken	were held
are cut	were killed

4. Bitten Sie die Teilnehmer, die Sätze an der Tafel mündlich in die Vergangenheit zu übertragen. Schreiben Sie unter die Gegenwartsformen an der Tafel die Vergangenheitsformen, hier also **was/were visited**.
5. Übernehmen Sie die leere Tabelle aus der Randspalte an die Tafel. Die Teilnehmer durchsuchen anschließend den Text 02 nach Passivformen und markieren diese. Die *present*- und *past*-Formen sollen dabei unterschiedlich gekennzeichnet werden.
6. Bitten Sie die Teilnehmer, Ihnen ihre Funde zuzurufen und tragen Sie diese in das Tafelbild ein. Ihr Tafelbild könnte so aussehen wie links.

06 Practice

1. Lesen Sie die Aufgabenstellung vor.
2. Die Teilnehmer bearbeiten die Aufgabe zunächst jeder für sich. Neu ist die Verwendung von *photograph* als Verb in Satz 1. Sie können z. B. erläuternd sagen: *You can say to photograph or to take a photo.*
3. Vergleichen Sie die Lösungen, indem die Teilnehmer die Sätze der Reihe nach vorlesen. Unterstützen Sie wo nötig.

Lösung

1 is photographed; 2 is bought; 3 are told; 4 was seen; 5 were written; 6 were made

07 Practice

1. Die Teilnehmer lesen die Anweisung in der Randspalte durch. Klären Sie Verständnisfragen.
2. Bitten Sie einen freiwilligen Teilnehmer, die Verben in dem Kasten vorzulesen. Stellen Sie sicher, dass alle Teilnehmer die Bedeutung der Verben kennen.
3. Lesen Sie den ersten Beispielsatz vor. Neu ist hier der Ausdruck *keep an eye on*, den Sie mit gestischer Unterstützung z. B. so erklären können: *When I'm shopping in town and it's crowded I always keep an eye on my handbag, I always pay attention.*
4. Die Teilnehmer lösen nun die Aufgabe jeder für sich.
5. Die Teilnehmer vergleichen abschließend die Lösungen, indem sie die Sätze in Sitzreihenfolge vorlesen. Bitten Sie jeden Teilnehmer, zu erklären, warum er das *present* oder das *past* eingesetzt hat. Die Teilnehmer können die Signalwörter für die Zeiten in den Sätzen markieren und die Zeitform daneben notieren.

Lösung

2 is spoken; 3 were sung; 4 was driven; 5 was taken; 6 was opened

Lösung der Signalwörter

3 last night; 4 last night; 5 in 1932; 6 in 2000

Hinweise

> quite = ziemlich
> quiet = ruhig

– In Satz 3 wird die Form *last night's concert* verwendet. Erklären Sie auf Nachfrage, dass das Apostroph ‚s' auch bei Zeitangaben, wie *today's newspaper*, *last week's meeting*, *this month's play* verwendet kann.
– Achtung: Der Begriff *quite* aus Satz 5 wird gerne mit *quiet* verwechselt. Übernehmen Sie gegebenenfalls die Übersetzungen an die Tafel.

Erweiterung

9.2

▶ Teaching tip
Partner-/Gruppen-
arbeit

6. Bilden Sie Zweiergruppen. Verteilen Sie eine Kopiervorlage 9.2 pro Zweiergruppe.
7. Die Teilnehmer füllen die richtige Passivform in die Sätze ein und diskutieren den Wahrheitsgehalt der Aussagen in den Gruppen. Gehen Sie dabei von Gruppe zu Gruppe und unterstützen Sie.
8. Die Zweiergruppen tragen anschließend ihre Lösungen vor. Korrigieren Sie die Passivformen wo nötig. Geben Sie den anderen Teilnehmern Zeit, diese zu diskutieren, bevor sie selbst die Lösung vorgeben.

Lösung der Kopiervorlage

1 are drunk / false: 1.7 billion; 2 is read / false: 1.5 million; 3 was opened / true; 4 are grown / false: in the Netherlands; 5 was eaten / false: 20 times more sugar is eaten now; 6 is made from / true; 7 are stolen / false: towels; 8 are born / true; 9 is visited / true; 10 is covered / true; 11 was built / true; 12 are heated / true

85 Traditions & celebrities

08   Now you

1. Geben Sie den Teilnehmern Zeit, sich mit der Aufgabenstellung vertraut zu machen.
2. Bitten Sie zwei Teilnehmer, die Texte in den Sprechblasen vorzulesen. Im ersten Text taucht erstmalig der Ausdruck *open to the public* auf. Erklären Sie auf Nachfrage *When a building is open to the public it means it is open to everybody. Everybody is allowed to visit it.* Klären Sie weitere Verständnisfragen.
3. Die Teilnehmer machen sich anschließend Notizen zu ein oder zwei sehenswerten Orten, die sie besichtigt haben. Unterstützen Sie bei Wortnachfragen.
4. Um zu vermeiden, dass die Teilnehmer in dem nun folgenden Austausch ausschließlich Aktivformen verwenden, schreiben Sie *Use 2 passive forms!* an die Tafel. Es kann nützlich sein, erneut die *Language Box* in 05 durchzulesen. Die Teilnehmer suchen sich anschließend einen Partner im Raum und tauschen sich aus.
5. Bitten Sie abschließend freiwillige Teilnehmer, der Gruppe den Ort zu beschreiben, den sie in ihrem Austausch am spannendsten fanden.

09   Wordpower

1. Lesen Sie die Anweisung in der Randspalte vor. Erklären Sie den Begriff *people word*, indem Sie z. B. sagen *By people word we mean a word describing a person, e. g. what the person's job or task is.*
2. Bitten Sie die Teilnehmer, in Sitzreihenfolge jeweils zwei Wörter aus dem Kasten vorzulesen. Stellen Sie sicher, dass alle Bedeutungen bekannt sind. Neu sind die Wörter *act* und *conquer*. Verweisen Sie bei dem Verb *conquer* auf *William the Conqueror* aus Text 02 oder sagen Sie *To conquer something or somebody means to win and take control.*
3. Lesen Sie die ersten drei Beispiele vor. Erläutern Sie, dass es für das Anhängen der Silben keine feste Regel gibt und die Teilnehmer daher ruhig ihrem „Bauchgefühl" folgen sollten, wenn sie die Lösung nicht kennen.
4. Lösen Sie die Aufgabe gemeinsam in der Gruppe durch Zuruf, wobei Sie die Nennungen in der korrekten Form an die Tafel übernehmen können.

Lösung

– *ist: cartoonist; cyclist; receptionist; specialist*
– *er: dancer; driver; prisoner; winner*
– *or: conqueror; visitor*

5. Bitten Sie drei freiwillige Teilnehmer, die drei Spalten vorzulesen, um die Aussprache zu festigen.
6. Fragen Sie in die Gruppe *Do you know any other people words?* Bitten Sie die Teilnehmer, die weitere Wörter kennen, diese an der Tafel einzutragen.

Beispiellösung

player; tourist; officer; photographer; singer; banker; cyclist; loser; babysitter; teacher; learner; driver; Beefeater; tourist; journalist; director

7. Lesen Sie die Frage zum zweiten Teil der Aufgabe vor. Wählen Sie zum Einstieg selbst ein *people word,* das Sie gut pantomimisch darstellen können.
8. Bitten Sie dann freiwillige Teilnehmer, weitere Worte pantomimisch darzustellen. Beenden Sie die Aufgabe, wenn sich kein freiwilliger Teilnehmer mehr findet.

10 Reading

1. Lesen Sie die Anweisung in der Randspalte vor. Schauen Sie sich mit den Teilnehmern zum Einstieg die drei Begleitfotos und die Namen am Beginn der Texte an. Fragen Sie die Teilnehmer *Does anybody know any of these places?* Sammeln Sie mögliches Vorwissen der Teilnehmer auf Zuruf.
2. Die Teilnehmer lesen anschließend jeder für sich die Texte durch. Bei Verständnisfragen können sie sich mit einem Nachbarn besprechen.
3. Fragen Sie die Teilnehmer nach dem Lesen, ob jemand schon die Antwort auf die Frage in der Randspalte gefunden hat. Bestätigen Sie die richtige Lösung und fragen Sie den Teilnehmer *Where in the text did you find this?*

Lösung

> *Wimbledon*

4. Geben Sie den Teilnehmern Zeit, nach Unbekanntem zu fragen.
5. Lesen Sie die Texte einmal selbst vor, um die richtige Aussprache sicherzustellen.
6. Gehen Sie zum zweiten Teil der Aufgabe über, indem ein Teilnehmer die Fragestellung vorliest.
7. Geben Sie den Teilnehmern Bedenkzeit, um die richtigen Lösungen anzukreuzen.
8. Die Teilnehmer lesen abschließend die Aussagen der Reihe nach mit ihren Lösungen vor. Korrigieren Sie wenn nötig.

Lösung

> *1 Harrods / Tower Bridge; 2 Harrods / Wimbledon; 3 Harrods / Wimbledon; 4 Harrods / Tower Bridge*

Hinweis zu 2.

> – Bei einer lernschwächeren Gruppe kann es hilfreich sein, wenn die Teilnehmer nach jedem einzelnen Text Verständnisfragen stellen können.

Hinweise

> – Wenn Sie die Möglichkeit haben, bringen Sie eine Karte von London mit, auf der die Sehenswürdigkeiten eingezeichnet sind.

11 Listening

23

What can you see „Behind the Scenes"?

1. Lesen Sie die Anweisung in der Randspalte vor. Den neuen Begriff *waxworks* können die Teilnehmer sicherlich aus dem Kontext Madame Tussauds heraus entschlüsseln. Fragen Sie zum Einstieg nach: *Has anybody visited Madame Tussauds?*
2. Übernehmen Sie die Frage aus der Randspalte an die Tafel.
3. Spielen Sie die CD einmal ab. Die Teilnehmer versuchen, die Antwort auf die Frage an der Tafel zu finden.
4. Brainstormen Sie erste Eindrücke. Was haben die Teilnehmer verstanden? Kennt jemand schon die Antwort auf die Frage?
5. Bestätigen Sie die richtige Lösung. Bei Unklarheiten spielen Sie die CD ein zweites Mal ab.

Lösung

> *You see how the figures are made.*

6. Lesen Sie die zweite Aufgabenstellung vor. Die Teilnehmer lesen die fünf Aussagen durch. Klären Sie Verständnisfragen.

7. Spielen Sie die CD erneut ab. Die Teilnehmer kreuzen dabei die richtigen Lösungen an.
8. Die Teilnehmer können abschließend ihre Lösungen mit einem Nachbarn besprechen. Bitten Sie anschließend freiwillige Teilnehmer, die Aussagen mit den von ihnen gewählten Lösungsworten vorzulesen. Geben Sie den anderen Teilnehmern Zeit, den Lösungsvorschlag zu kommentieren, bevor Sie dies selbst tun.

Lösung

1 1800s; 2 are still; 3 wants; 4 isn't; 5 George Clooney

9. Spielen Sie die CD bei Bedarf erneut ab.

Hinweis

– Das ‚s' hinter den Jahreszahlen 1800s und 1900s ist ein einfaches Plural ‚s', da die Jahrhunderte aus vielen Jahren bestehen. Festigen Sie die Aussprache: *the eighteen hundreds* durch Anschreiben der ausgeschriebenen Zahl und Nachsprechen.

Transcript

O = Olive
D = Dan

23

The doors of Madame Tussauds were first opened to visitors more than 200 years ago. Today this world famous attraction is as popular as ever. People are still curious about celebrities, and this is their chance to get near them. You can stand next to supermodel Kate Moss for that amazing fashion photograph, or sit down with the Queen. At Madame Tussauds you will meet the rich and the famous – sporting legends, politicians, kings and queens, princes and princesses. The darker side of life is shown here too – famous murderers and bank robbers all have their place. And why not take a look Behind the Scenes at Madame Tussauds? You will see why it takes three to four months of careful work to make each figure. Did you know, for example, that the hair on the figures is real, and that it is put on the wax head, one hair at a time?

O I definitely want to go Behind the Scenes, Dan. I think that would be the most interesting thing. I'd like to know how the figures are made.

D Me too. I read somewhere that they take hundreds of photographs, and then the body is built on a metal skeleton. It's all very clever.

O And what figures do you want to see? I don't think we've got time for everything.

D I don't really want to see sports people – you see them on the TV all the time. But I wouldn't mind getting near Kate Winslet.

O Well that's OK with me, as long as you take my photograph next to George Clooney.

D I hear the George Clooney figure doesn't look very real. People say he looks just too handsome.

O That's because he is the most handsome man in the world ... well, of course I mean ... after you, my love...

12   **Now you**

1. Die Teilnehmer lesen die Anweisung in der Randspalte und die Sätze 1–6 durch. Klären Sie Verständnisfragen.
2. Geben Sie den Teilnehmern Zeit, sich Orte für die Aussagen 1–6 auszusuchen.
3. Erinnern Sie die Teilnehmer vorbereitend an die Redemittel, die eine Konversation unterstützen: *Remember to ask back. You can use phrases like How about you? Oh really? Why not?* Anschließend suchen sich alle Teilnehmer einen Partner im Raum und tauschen sich aus. Nehmen Sie aktiv an der Fragerunde teil.

13 Round up

1. Bitten Sie einen Teilnehmer, die Anweisung in der Aufgabe vorzulesen. Neu ist hier der Begriff *be alive*. Auf Nachfrage erklären Sie *Alive is the opposite of dead.*
2. Je nach Gruppengröße bilden Sie Dreier- oder Vierergruppen. Geben Sie den Gruppen Zeit, ihre *Celebrities*-Liste zu erstellen. Geben Sie gegebenenfalls ein Beispiel: Mario Götze; *Why? Won the world championship in football.*
3. Lesen Sie den zweiten Teil der Aufgabe vor. Bitten Sie drei Teilnehmer, die Texte in den Sprechblasen vorzulesen. Klären Sie Verständnisfragen.
4. Geben Sie den Gruppen Zeit, die Präsentation ihrer Liste mit Hilfe der Sprechblasen vorzubereiten.
5. Bitten Sie die erste Gruppe, ihre Liste an die Tafel zu übernehmen und ihre Auswahl zu präsentieren. Organisieren Sie dabei so viel Platz, dass auch die anderen Gruppen ihre Berühmtheiten in dasselbe Tafelbild eintragen können. Ermutigen Sie die zuhörenden Gruppen zum Kommentieren und Nachfragen.
6. Verfahren Sie so, bis alle Gruppen ihre Berühmtheiten vorgestellt haben.
7. Bitten Sie die Teilnehmer, die Personen an der Tafel zu vergleichen. Gibt es jemanden, der in allen Gruppen auftaucht? Fragen Sie dazu z. B. *Is there somebody we should definitely have on our list? Who should be first place?* Erstellen Sie eine Liste der *top five*.

Ideenpool

➤ Aufgabe 08

1. Vergleichen Sie die Ergebnisse der Aufgabe, indem Sie fünf freiwillige Teilnehmer bitten, vorerst die Ortsbezeichnungen zu nennen, die sie mit ihrem Gesprächspartner besprochen haben. Übernehmen Sie diese ungeordnet an die Tafel.
2. Fragen Sie anschließend alle Teilnehmer, zu welchen Orten sie etwas sagen können. Fordern Sie sie erneut auf, auch Passivformen zu verwenden. Sammeln Sie die Informationen in Notizen an der Tafel.
3. Fragen Sie nach dieser allgemeinen Fragerunde *Who's the expert on this place / building / castle … ?* Bitten Sie den Teilnehmer, der den Ort ursprünglich beschrieben hat, die gesammelten Informationen als Experte zu kommentieren und weiteres Wissen hinzuzufügen.

Hausaufgaben

Extra Practice Reminder:

☐ p._____   No. _____ _____ _____

☐ p._____   No. _____ _____ _____

☐ p._____   No. _____ _____ _____

☐ _____

☐ _____

Lernziele

19, 52, 78, 188, 775

Ask questions about the Tower of London.

Mit Zahlen über Sehenswürdigkeiten berichten; Informationsfragen zur Geschichte und zu Sehenswürdigkeiten stellen

1. Das vierte Video (Film 4) zeigt Teile des königlichen London: *Buckingham Palace and Queen Victoria Memorial:* 0:00–3:05; *WestminsterAbbey:* 3:06–4:08; *the Tower of London:* 4:09–end. Fragen Sie die Teilnehmer zum Einstieg in das Thema: *What do you know about the royal family?* Wenn Sie die Möglichkeit haben, bringen Sie einige Bilder aus der „Regenbogenpresse" mit. Erweitern Sie die Fragen um *Where do they live?* Sammeln Sie Vorwissen gemeinsam in der Gruppe.

2. Spielen Sie den Film einmal komplett ohne Untertitel ab. Sammeln Sie erste Eindrücke per Zuruf: *What is the most surprising thing you remember from the film?*

3. Erklären Sie, dass die Teilnehmer nun den ersten Teil des Videos rund um den *Buckingham Palace* erneut sehen werden. Übernehmen Sie dazu die Zahlen aus der Randspalte an die Tafel. Stellen Sie die Aufgabe *Listen for the numbers. What do they refer to?* Spielen Sie den Film bis 3:06 mehrfach ohne Untertitel ab.

4. Stoppen Sie das Video bei 3:06 und sammeln Sie Antworten auf die Frage nach den Zahlen. (Lösung: *775 rooms; 19 official or State Rooms; 52 royal and guest bedrooms; 188 staff bedrooms; 78 bathrooms*) Besprechen Sie die Zahlen. Fragen Sie z. B. *Why do you think the Queen needs so many members of staff? What do you think a State Room is used for?* Diskutieren Sie in der Gruppe.

5. An Zeitpunkt 2:58 wirft Ella eine Münze in den Brunnen und fragt *Can you guess what I wished for?* Spielen Sie das Video an diese Stelle zurück und geben Sie die Frage an die Teilnehmer weiter. Erweitern Sie die Frage *Have you ever thrown a coin into a fountain? Where was that? What did you wish for?*

6. Erklären Sie, dass die Teilnehmer nun den Teil des Videos zu *Westminster Abbey* erneut sehen werden. Stellen Sie dazu die Aufgabe: *Be a tour guide. Listen to the main facts and figures about Westminster Abbey and take notes.* Spielen Sie das Video von 3:06–4:08 ab.

7. Bilden Sie anschließend Zweiergruppen. Die Teilnehmer berichten jeweils einem Partner, was sie über *Westminster Abbey* erinnern. Gehen Sie herum und unterstützen Sie wo nötig.

8. Kündigen Sie den letzten Teil des Videos an: *The Tower of London.* Spielen Sie das Video von 4:09 bis zum Ende ab.

9. Bilden Sie zwei Gruppen. Übernehmen Sie das Tafelbild.

10. Bitten Sie die Gruppen, sich jeweils drei Fragen zum *Tower of London* auszudenken und zu notieren. Die Teilnehmer können das Transkript auf den Seiten 163–164 zu Hilfe nehmen. Unterstützen Sie wo nötig.

11. Die Gruppen stellen sich gegenseitig abwechselnd ihre Fragen. Die gefragte Gruppe beantwortet die Frage, wobei das Transkript zu Hilfe genommen werden kann. Auch doppelte Fragen werden vorgelesen und beantwortet.

Beispielfragen

When was the Tower of London built? What was the Tower used for in the past? Where do the Beefeaters live? What is the Beefeaters' job? What happened to the wives of Henry VIII? How many ravens live at the Tower? What happens if the ravens fly away? Who looks after the ravens? What did Ella do when she last visited the Tower?

Hinweis

– Auf Seite 132–133 finden Sie die *Video Exercises*, die eigenständig während der Stunde oder zu Hause gelöst werden können. (Lösung *1 C; 2 B; 3 C; 4 C; 5 C; 6 B*)

If I had time, …

Lernziele	• Über Hobby-Kurse und -Lehrgänge sprechen
	• Über Reiseziele für Kurzreisen sprechen
	• Safari-Reisen nach Afrika
	• Was wäre, wenn…
	• Vorschläge und Empfehlungen machen
Grammatik	• *if*-Sätze Typ 2
Materialien	• Aufgabe 08: Kopiervorlage 10.1, eine Kopie pro Teilnehmer
	• Aufgabe 12: Kopiervorlage 10.2, eine Kopie pro Teilnehmer, sechs Flipchartblätter

Picture

1. Die Teilnehmer schauen sich zum Einstieg in die Unit die Fotos auf Seite 100 an und lesen die Bildunterschriften
2. Neu sind die Wörter *beekeeping*, *horse riding* und *pottery*. Lesen Sie die Texte vor, um die Aussprache sicherzustellen. Die Bedeutung der Wörter erschließt sich aus den Fotos.
3. Fragen Sie nach: *Which of these activities does your town offer?* Sammeln Sie die Antworten in der Gruppe.

01   **Warm up**

1. Lesen Sie die Anweisung in der Randspalte vor. Fragen Sie *What do you think is a special interest break?* Sammeln Sie Erklärungen auf Zuruf.

Beispiellösung

A special interest break is a short holiday in which you do or learn about something special.

2. Die Teilnehmer lesen die erste Fragestellung mit den dazugehörigen Sprechblasentexten durch. Beginnen Sie mit dem Austausch, indem Sie z. B. sagen *I think the horse riding looks great. What do you think (Dirk)?* Fordern Sie den Teilnehmer auf, jemand anderes in der Gruppe zu befragen. Holen Sie auf diese Weise einige Meinungen ein, die alle dargestellten Aktivitäten umfassen.

3. Anschließend lesen die Teilnehmer die zweite Fragestellung durch. Lesen Sie die dazugehörigen Sprechblasentexte vor, um die Aussprache der neuen Wörter *jewellery* und *sailing* vorzugeben.
4. Erklären Sie, dass die *Useful Language Box* weitere Aktivitäten nennt. Lesen Sie die Aktivitäten vor.
5. Klären Sie Verständnisfragen.
6. Die Teilnehmer tauschen sich anschließend mit einem Nachbarn aus.
7. Beenden Sie die Gespräche nach ein paar Minuten und sammeln Sie mit der Gruppe, welche Aktivitäten schon durchgeführt wurden und welche noch auf der Wunschliste stehen.
8. Übernehmen Sie das Bild aus der Randspalte an die Tafel. Sammeln Sie die Nennungen der Teilnehmer in der jeweiligen Kategorie. Gibt es besonders spannende oder ungewöhnliche Aktivitäten auf der Wunschliste?
9. Die Teilnehmer können neue Aktivitäten in die *Useful Language Box* eintragen.

have done	would like to do

Hinweise

– Weisen Sie gegebenenfalls auf die Kurzform *I'd like* in zwei Sprechblasentexten hin. Fragen Sie nach *What does the apostrophe stand for?*
– Bei einer leseunsicheren Gruppe übernehmen Sie das Vorlesen in 4.

02 Dialogue

24

1. Lesen Sie die Aufgabenstellung in der Randspalte vor und übernehmen Sie die Fragestellung an die Tafel.
2. Spielen Sie die CD einmal ab, wobei die Teilnehmer den Text mitlesen.
3. Fragen Sie anschließend, ob jemand schon die Frage beantworten kann. Sammeln Sie die Antworten unkommentiert auf Zuruf
4. Spielen Sie die CD bei Bedarf erneut ab und bitten Sie die Teilnehmer, an der Stelle „Stopp!" zu rufen, die die Frage beantwortet. Die Teilnehmer nennen das neue Wort *kennel* nach Gehör.
5. Übernehmen Sie die richtige Antwort an die Tafel und erklären Sie *kennel: A kennel is a place where you keep dogs.*

Lösung

Put him in a kennel or leave him with one of the kids.

6. Klären Sie unbekannte Wörter im Text.
7. Bei einer lesefreudigen Gruppe laden Sie vier freiwillige Teilnehmer, zwei Mollies und zwei Ricks, ein, den Text mit verteilten Rollen vorzulesen. Teilen Sie den Text in zwei Teile. Teil eins reicht bis Molly: … *I'd rather stay at home.* Unterstützen Sie bei Ausspracheschwierigkeiten.
8. Spielen Sie die CD gegebenenfalls nochmals ab. Die Teilnehmer hören dieses Mal bei geschlossenen Büchern zu.

03 Quick check

1. Die Teilnehmer lesen die Aussagen jeder für sich durch und entscheiden, ob sie wahr oder falsch sind. Dazu können sie sich mit einem Nachbarn besprechen.
2. Bitten Sie anschließend freiwillige Teilnehmer, die Aussagen und ihre Lösungen vorzulesen.
3. Geben Sie der Gruppe Zeit, die Lösung zu kommentieren, bevor Sie dies selbst tun.

Lösung	*1 T; 2 F; 3 F; 4 F; 5 T*

4. Bitten Sie die Teilnehmer abschließend, die Redemittel in 03 zu unterstreichen, die Vorlieben oder Abneigungen ausdrücken.
5. Die Teilnehmer nennen Ihnen die Unterstreichungen in Sitzreihenfolge. Übernehmen Sie diese an die Tafel.

Beispiellösung

like the idea of; be happy to; enjoy doing something; think it's boring

---

04 Talk about the text

1. Die Teilnehmer lesen die Fragestellungen durch. Die Fragen 1–3 beziehen sich auf den Text in 02; auf die Fragen 4 und 5 suchen die Teilnehmer eigene Antworten. Ermutigen Sie sie, Verständnisfragen vorerst mit einem Nachbarn zu klären, bevor sie nachfragen. Das Wort *worried* in Frage 2 lässt sich vielleicht mit einem Beispiel und auch pantomimisch erklären: *My cat didn't come home yesterday evening. Now I'm worried.*
2. Sammeln Sie Antworten auf die Fragen 1–3 auf Zuruf. Da die Antworten unterschiedlich formuliert werden können, übernehmen Sie Beispielantworten an die Tafel.

Lösung

1 She hasn't been on a bike for years / doesn't like active holidays.; 2 She doesn't want to leave the dog in a kennel.; 3 She would probably sit on the beach.

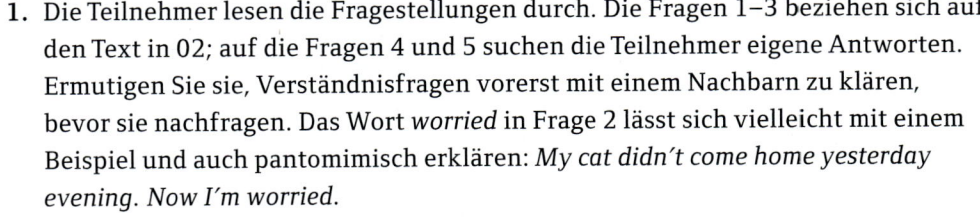

I think they should …
I suggest that they …
They could …
What about …
It might be a good idea to …

3. Für die Antworten auf Frage 4 fragen Sie die Teilnehmer danach, welche Redemittel Sie erinnern, um einen Vorschlag zu machen. Übernehmen Sie hereingerufene Vorschläge an die Tafel. Ihr Tafelbild könnte wie links aussehen.
4. Jeder Teilnehmer beantwortet nun die Fragen für sich und kann sich Notizen machen.
5. Sammeln Sie anschließend die Antworten auf Frage 4 durch Zuruf.
6. Sammeln Sie Antworten auf die Frage 5 in der Gruppe.
7. Schreiben Sie *good places to look for activities and short breaks* an. Fragen Sie die Gruppe *Where do you usually look for activities or short breaks?*
8. Sammeln Sie die Tipps und Empfehlungen an der Tafel.

Erweiterung

---

05 LANGUAGE

▶ Grammatikseite 143

If I *have* more time, I *will go* abroad.

If I *had* more time, I *would go* abroad.

1. Geben Sie eine Einleitung in die *Language Box* mit Hilfe des Typ I *if*-Satz. Übernehmen Sie dazu den ersten Satz aus der Randspalte an die Tafel. Unterstreichen Sie das *simple present* und das *will-future* und erläutern Sie, dass mit diesen Zeitformen eine realistische Bedingung beschrieben wird.
2. Bitten Sie anschließend vier Teilnehmer, die Beispielsätze in der *Language Box* vorzulesen.
3. Übernehmen Sie den ersten Satz der *Language Box* in Ihr Tafelbild und unterstreichen Sie auch hier die Zeitformen.
4. Erklären Sie, dass mit dem Typ II des *if*-Satzes eine mögliche, aber unwahrscheinliche Bedingung beschrieben wird. Das *simple past* drückt dabei keine Vergangenheit aus. Der Satz entspricht also dem Deutschen: ‚Wenn ich mehr Zeit hätte, würde ich ins Ausland gehen.'

Erweiterung

5. Damit sich die Teilnehmer an den Typ II des *if*-Satzes gewöhnen, schreiben Sie den folgenden Satzbeginn an *If I had a million euros, I would …*
6. Bitten Sie die Teilnehmer, den Satz zu vervollständigen. Beginnen Sie, indem Sie z. B. sagen *If I had a million euros, I would go on a cycling holiday.*
7. Bitten Sie die Teilnehmer, alle *if*-Sätze des Typ II im Text in 02 zu markieren.
8. Gleichen Sie die Sätze im Plenum durch freiwillige Nennungen mündlich ab.
9. Weisen Sie daraufhin, dass nach dem *if*-Teil des Satzes neben *would* auch *could* oder *might* verwendet werden können.

Beispiellösung

if I had time, I'd love a cycling holiday.; It wouldn't be much fun for me if we went on a cycling holiday.; if we travelled abroad, we couldn't take Gus.; He'd be fine if we did that.; I'd be worried about him if I did that. I'd rather stay at home.; If we didn't have a dog, we could go on longer holidays.; I might get bored if I sat on a beach and did nothing all day.; it would be perfect if we hired a tandem.

Hinweis

– Falls Ihre Teilnehmer den Fehler machen, weisen Sie darauf hin, dass *if* und *would* niemals gemeinsam in einem Teilsatz stehen.

---

06 Practice

1. Die Teilnehmer machen sich mit der Aufgabenstellung vertraut.
2. Zunächst bearbeitet jeder die Aufgabe für sich. Klären Sie dabei Verständnisfragen.
3. Vergleichen Sie die Lösungen, indem die Teilnehmer die Sätze der Reihe nach vorlesen. Unterstützen Sie wo nötig.

Lösung

1 left; 2 had; 3 didn't have; 4 went; 5 chose; 6 asked

Hinweis

– Diese Aufgabe eignet sich auch als Hausaufgabe.

---

07 Practice

1. Die Teilnehmer lesen die Anweisung in der Randspalte durch. Erklären Sie, dass es zu jedem Satzteil 1–8 jeweils zwei mögliche Fortführungen gibt.
2. Die Teilnehmer lesen anschließend die Satzteile 1–8 und A–P durch. Klären Sie Verständnisfragen. Neu sind hier u. a. die Wörter ID und *look the other way.* Übernehmen Sie diese an die Tafel. Erklären Sie *ID is short for identity card. To look the other way means to look somewhere else, to avoid eye contact.*
3. Die Teilnehmer lösen nun die Aufgabe jeder für sich und können sich dazu mit einem Nachbarn absprechen.
4. Die Teilnehmer vergleichen abschließend die Lösungen, indem ein Teilnehmer einen Satzanfang vorliest und die nächsten zwei Teilnehmer mögliche Fortsetzungen vorlesen. Korrigieren Sie wo nötig. Der zweite Vorleser beginnt dann mit einem neuen Satzanfang. Verfahren Sie so, bis alle Satzteile zugeordnet wurden.

Lösung

1 F O; 2 H N; 3 A M; 4 B D; 5 G K; 6 I J; 7 C P; 8 E L

08 Now you

1. Geben Sie den Teilnehmern Zeit, sich mit der Aufgabenstellung vertraut zu machen.
2. Bitten Sie drei freiwillige Teilnehmer, die Texte in den Sprechblasen vorzulesen. Klären Sie Verständnisfragen.
3. Die Teilnehmer besprechen anschließend mit einem Nachbarn mögliche Antworten auf die Fragen in 07. Bei einer Gruppe mit ungerader Teilnehmerzahl bilden Sie Dreiergruppen.
4. Bitten Sie anschließend eine erste Gruppe, ihre Antwort auf die erste Frage in Aufgabe 07 vorzustellen. Ermutigen Sie die anderen Gruppen, diese zu kommentieren und ihre Antwort zu geben. Anschließend stellt die zweite Gruppe ihre Antwort auf die zweite Frage in Aufgabe 07 vor. Verfahren Sie so, bis alle Fragen und Antworten besprochen wurden.
5. Bitten Sie abschließend jede Gruppe, sich mindestens eine weitere Frage an die ganze Gruppe auszudenken.

Beispielfragen

What would you do if the English room was locked? What would you do if the English course met in London next week? Where would you like to go if we invited all of you for tea?

6. Sammeln Sie die Fragen an der Tafel und brainstormen Sie mögliche Antworten in der Gruppe.

Erweiterung

7. Fordern Sie die Teilnehmer dann auf, aus den Satzanfängen 1–8 in 07 mündlich Fragen zu bilden. Gehen Sie dabei in Sitzreihenfolge vor. Dabei kann die obere linke Sprechblase in 08 als Muster gelten.

Erweiterung

   ▶ Teaching tip Partner-/Gruppen-arbeit

10.1

7. Verteilen Sie eine Kopiervorlage 10.1 pro Teilnehmer. Erklären Sie, dass es sich um eine Schreibaufgabe handelt, in der die Teilnehmer *if*-Sätze ergänzen sollen.
8. Geben Sie den Teilnehmern Zeit, die zehn Sätze zu vervollständigen. Klären Sie dabei wo erforderlich Verständnisfragen.
9. Anschließend tauschen die Teilnehmer ihre Blätter mit ihrem Nachbarn aus, überprüfen gegenseitig ihre Versionen auf sprachliche Richtigkeit und tauschen wieder zurück.
10. Bitten Sie freiwillige Teilnehmer, ihre Lösungen vorzulesen. Korrigieren Sie wenn nötig.

Lösung der Kopiervorlage

1 found; 2 left; 3 saw; 4 met; 5 forgot; 6 had; 7 lost; 8 became; 9 invited; 10 won

11. Im zweiten Schritt laden Sie die Teilnehmer ein, drei Sätze auszuwählen, mit denen Sie über drei andere Kursmitglieder spekulieren. Die Teilnehmer notieren diese drei Sätze auf demselben Blatt.
12. Anschließend lesen die Teilnehmer ihre Spekulationen vor. Die angesprochenen Teilnehmer stimmen zu oder erklären, was sie anders machen würden. Geben Sie z. B. den folgenden Musterdialog mündlich vor:
A: I think if Hans saw a bank robber, he would call the police.
Hans: No, I wouldn't. If I saw a bank robber, I would run away. / Yes, I would.

09 Wordpower

1. Erklären Sie, dass es in dieser *Wordpower* Aufgabe um Adjektive mit den Endungen *-ing* und mit *-ed* geht. Lesen Sie den ersten Satz mit der richtigen Lösung vor. Schreiben Sie an **amazed– amazing**. Erklären Sie *I'm amazed at Dublin. Dublin is an amazing town.* Sie können den Unterschied erklären, indem Sie sagen: *Adjectives with -ed describe emotions, adjectives with -ing describe what causes the emotion.*
2. Geben Sie den Teilnehmern Zeit, die E-Mail durchzulesen und sich mit einem Nachbarn zu besprechen. Klären Sie Wortnachfragen.
3. Bitten Sie freiwillige Teilnehmer, jeweils einen Satz der E-Mail mit ihren Lösungen vorzulesen. Korrigieren Sie wenn nötig.

Lösung

1 interesting; 2 disappointing; 3 bored; 4 exciting; 5 relaxing; 6 surprised; 7 worrying

4. Lesen Sie die Anweisung für den zweiten Teil der Aufgabe vor. Erstellen Sie gemeinsam mit der Gruppe einen E-Mailtext am Whiteboard oder an der Tafel. Schlagen Sie dazu zwei Themen zur Auswahl vor, z. B. *our English course; a special interest break*. Die Teilnehmer entscheiden sich für ein gemeinsames Thema.
5. Überlegen Sie, an wen sich die gemeinsame E-Mail richten könnte. Vielleicht an einen Teilnehmer, der in der Stunde nicht anwesend ist?
6. Schreiben Sie die E-Mail gemeinsam mit den Teilnehmern an der Tafel.
7. Das verbleibende zweite Thema eignet sich gut für eine weitere E-Mail als Hausaufgabe. Lassen Sie sich wenn möglich die E-Mail vor der nächsten Stunde zusenden. Korrigieren Sie im Vorhinein.
8. Die Teilnehmer lesen in der nächsten Stunde die korrigierten Texte vor.
9. Sollten sich bei mehreren Teilnehmern gleichlautende Fehler ergeben haben, nutzen Sie diese für eine kurze Wiederholung, z. B. an der Tafel.

Erweiterung

10 Reading

1. Lesen Sie die Anweisung in der Randspalte vor. Die Wörter *review* und *lodge* sind neu. Fragen Sie zuerst die Teilnehmer *What do you think these words mean?* Sammeln Sie mögliches Vorwissen der Teilnehmer auf Zuruf.
2. Erklären Sie die Wörter, indem Sie z. B. sagen *A review is something like a comment. A lodge used to be a house made from wood, often far away from towns and cities. Today the word is used in many hotel and motel names.*
3. Die Teilnehmer lesen anschließend jeder für sich die Texte durch.
4. Fragen Sie die Teilnehmer nach dem ersten Lesen, ob jemand schon die Antwort auf die Frage in der Randspalte gefunden hat. Bestätigen Sie die richtige Lösung und fragen Sie den Teilnehmer *Why do you think this hotel is more expensive?* Lassen Sie spekulieren.

Lösung

Mchezo Kubwa Lodge

5. Geben Sie den Teilnehmern Zeit, Verständnisfragen zu stellen. Neu ist sicherlich auch die Abkürzung BBQ für *barbeque/barbecue*. Schreiben Sie die Abkürzung an und deuten Sie bei jeder Silbe auf den entsprechenden Buchstaben im Wort.
6. Lesen Sie die Texte einmal vor, um die richtige Aussprache aller neuen Wörter zu demonstrieren.

7. Gehen Sie zum zweiten Teil der Aufgabe über. Geben Sie den Teilnehmern Zeit, die Sätze zu vervollständigen.
8. Gleichen Sie die Lösungen per Zuruf ab.

Lösung

1 Furaha Safari Lodge; 2 Mchezo Kubwa Lodge

Erweiterung

9. Fragen Sie die Teilnehmer *There are two adjectives in these texts which could go into the Word power list in 09. Can you find them?*

Lösung

smiling; experienced

11 Listening

25

1. Die Teilnehmer lesen die Anweisung in der Randspalte durch. Fragen Sie nach dem neuen Wort *travel agent: Does anybody know what a travel agent is?* Sammeln Sie mögliche Antworten. Stellen Sie sicher, dass die Teilnehmer auch die Frage zum Hörtext verstehen.
2. Bitten Sie einen Teilnehmer, die Sätze A–C vorzulesen. Klären Sie Verständnisfragen.
3. Spielen Sie die CD einmal ab. Die Teilnehmer hören zu und kreuzen dabei die Antwort auf die Frage an.
4. Brainstormen Sie erste Eindrücke. Was haben die Teilnehmer verstanden? Bei Unklarheiten spielen Sie die CD ein zweites Mal ab.

Lösung

A

5. Die Teilnehmer lesen anschließend den zweiten Teil der Aufgabe durch.
6. Spielen Sie die CD erneut ab. Die Teilnehmer hören zu und kreuzen die richtigen Lösungen an.
7. Geben Sie den Teilnehmern anschließend Zeit, sich mit einem Nachbarn zu besprechen.
8. Gleichen Sie die Lösungen ab, indem freiwillige Teilnehmer ihre Lösungen vorlesen. Bestätigen Sie korrekte Lösungen.

Lösung

1 B; 2 A; 3 A; 4 A; 5 C

9. Sie können abschließend das Transkript nutzen und mit verteilten Rollen lesen lassen.

Erweiterung

10. Nutzen Sie das Transkript für ein Rollenspiel. Bilden Sie Zweiergruppen, wobei ein Teilnehmer den *travel agent* und ein anderer den Reisenden spielt. Machen Sie die Vorgabe, dass sich die Partner einen Reisewunsch in der Region Ihres Kurses ausdenken. Geben Sie den Partnern Zeit, sich Notizen zu machen.
11. Die Zweiergruppen suchen sich einen Ort im Raum und wiederholen dabei das Gespräch von Jeff und seiner Beraterin mit eigenen Angaben, wobei sie dem Transkript folgen.
12. Nach einer Runde wechseln die Partner ihre Rollen.

  If I had time, …

Hinweis

Transcript

J = Jeff
A = Agent

25

13. Fragen Sie abschließend *Which travel agent had a really difficult customer? Where did he/she want to go? What advice could we give?*

– Achtung! Das Wort *advice* kann man nur in der Einzahl verwenden.

J   Hello, I'd like to ask your advice about safari holidays.

A   Of course, sir. Where are you thinking of going?

J   I haven't travelled much but … well, I've had a little lottery win so I thought, why not?

A   Congratulation, lucky you! So … what about the Kruger National Park? It's the largest safari park in South Africa and the most famous. Are you interested in wildlife?

J   Oh yes, especially birds.

A   There are over 500 different types of birds at Kruger, as well as all the animals and incredible trees and flowers. You can take a bush walk, or drive, or even fly in a hot-air balloon. It depends how much energy you have!

J   If I was twenty years younger, I'd want to do the bush walks, but I think I'll need a car. I want nice comfortable accommodation, but I don't need the Ritz. I want to see lots of wildlife – that's my main interest. And I would like a good guide of course.

A   Well it's like this, sir. The cheaper accommodation might be less comfortable. But you'd see the same animals, enjoy the same weather, and you'd still get an exciting experience. Everywhere in Kruger, people are friendly, the food is good and visitors are well looked after. On the other hand, if you can afford it, why not go for the best?

J   Yes, I see what you mean. I'll have to think about it …

---

12 Round up

1. Die Teilnehmer lesen die Anweisung in der Randspalte durch. Klären Sie Verständnisfragen.
2. Geben Sie den Teilnehmern Zeit, die Wortspinne zu füllen. Übertragen Sie derweil die Kategorien aus der Randspalte an die Tafel.

holiday	special interest break	city break

3. Sammeln Sie anschließend die Ideen der Teilnehmer an der Tafel. Die Teilnehmer können dabei ihre Vorschläge selber unter der passenden Kategorie an der Tafel eintragen. Lassen Sie das Tafelbild für eine spätere Nutzung bestehen.
4. Die Teilnehmer lesen nun den zweiten Teil der Aufgabenstellung durch. Erinnern Sie vorbereitend an die Bildung von *if*-Sätzen Typ II. Dafür können Sie diese Kurzfassung an die Tafel übernehmen: *if + past → would/could/might + verb*
5. Die Teilnehmer suchen sich Partner im Raum, die sie mit Hilfe der Fragen auf Seite 105 interviewen. Fordern Sie die Teilnehmer auf, zu notieren, wer ähnliche Reiseziele wie sie selbst hat.
6. Beenden Sie die Fragerunde, wenn sich das Redeaufkommen merkbar verringert hat.
7. Fragen Sie abschließend *Who has found somebody with similar travel plans?* Teilnehmer mit gleichen Reiseinteressen berichten anschließend der Gruppe.

Erweiterung

10.2

▶ Teaching tip
Partner-/Gruppen-
arbeit

8. Bilden Sie drei Gruppen, die jeweils eine der drei Reisekategorien aus der Wortspinne in Aufgabe 12 auswählen. Dabei ist es nicht notwendig, dass die Gruppen gleich groß sind.
9. Verteilen Sie je eine Kopiervorlage 10.2 pro Teilnehmer und zwei Flipchart-Blätter pro Gruppe.
10. Es ist die Aufgabe jeder Gruppe, eine Reise für den gesamten Englischkurs zu planen. Gehen Sie herum und unterstützen Sie wo nötig.
11. Die drei Planungsgruppen stellen abschließend ihre Pläne den anderen Teilnehmern vor. Können sich alle auf ein gemeinsames Ziel einigen?

Ideenpool

▶ **Aufgabe 11**

1. Wenn Sie die Möglichkeit haben, nutzen Sie einen Projektor und rufen Sie im Internet die Seite *www.tripadvisor.co.uk* auf und klicken Sie auf *Best of (year)*.
2. Schauen Sie sich mit den Teilnehmern die Bewertungen an. Welche Adjektive mit *-ed* und *-ing* Endungen lassen sich finden? Sammeln Sie Nennungen auf Zuruf und notieren Sie diese für alle gut sichtbar. Welche passen in die Kategorie mit *-ing* und welche in die mit einer *-ed* Endung?

Hausaufgaben

Extra Practice Reminder:

☐ p._____   No. _____ _____ _____

☐ p._____   No. _____ _____ _____

☐ p._____   No. _____ _____ _____

☐ _____

☐ _____

If I had time, …

 Lernziele

Redewendungen einüben; ein Servicegespräch führen; über Musikvorlieben sprechen

1. Das fünfte und letzte Video (Film 5) besteht aus einem authentischen Interview mit dem irischen Musiklehrer Michael, der in London lebt. Der Film besteht aus drei Teilen: *The weekend street market in Clapham:* 0:00–0:48; *the Irish in London:* 0:49–2:40; *Irish folk music:* 2:41–end. Erklären Sie, dass sich das folgende Video schwerpunktmäßig mit irischer Volksmusik beschäftigt. Fragen Sie zum Einstieg in das Thema *Does anybody know a famous Irish band or Irish performer? Has anybody ever listened to Irish music live?* Sammeln Sie mögliche Nennungen an der Tafel (z. B. *U2, Van Morrisson, The Cranberries, The Dubliners*).

2. Spielen Sie anschließend das Video ein erstes Mal ohne Untertitel komplett ab. Sammeln Sie erste Eindrücke per Nachfrage: *Did you like the video? Did you like the music?*

3. Spielen Sie den ersten Teil des Videos ab und stoppen Sie bei 0:41. Fragen Sie *What do you think the woman and the storeholder said to each other?* Fragen Sie: *Can you role-play the scene?* Geben Sie den Teilnehmern Zeit, sich Notizen zu machen. Die Teilnehmer spielen die Szene kurz nach.

Beispiellösung

– I'd like to buy this postcard, please. / – Sure. Thank you. That's two pounds. / – Here you are. / – Thank you. And here's your change. / – Thanks.

1 Whereabouts are you from?
2 Three uncles and an auntie
3 What do you do for a living?
4 Here you go.
5 ... that kind of thing
6 I did study music
7 Lucky me.

4. In dem folgenden Interview kommen alltagssprachliche Redewendungen vor. Übernehmen Sie diese Redewendungen aus der Randspalte an die Tafel.

5. Bitten Sie die Teilnehmer, ‚Stop' zu rufen, wenn sie eine der Redewendungen hören. Weisen Sie darauf hin, dass das Tafelbild die chronologische Reihenfolge wiedergibt. Spielen Sie den Film ab 0:42 erneut bis zum Ende des Interviews bei 4:07 ab. Stoppen Sie, wann immer ein Teilnehmer eine der Redewendungen an der Tafel gehört hat. Fragen Sie nach: *What does this phrase mean? Can you find another phrase with the same meaning? When would you use the phrase?*

Beispiellösung

1 Where are you from (originally)?; 2 an auntie is an aunt; 3 What kind of job do you have? What do you do?; 4 Here's your water./ Here you are.; 5 ... and similar things; 6 did stresses the fact that Ellie studied music in the past; 7 I'm lucky today because something nice has happened to me.

6. Zur Vertiefung der Redewendungen können Sie diesen Teil des Videos auch mit Untertiteln wiederholen. Spielen Sie anschließend den Film bis zum Ende ab.

7. Nutzen Sie das Transkript auf S. 164/165 zum Lesen mit verschiedenen Rollen. Bestimmen Sie die Rollen.

8. Lesen Sie abschließend die offene Fragestellung zu den Video Exercises auf Seite 133 vor. Für die Diskussion über musikalische Vorlieben können die folgenden Wörter nützlich sein: klassische Musik – *classical music*; Stadion – *stadium, open-air*; Schlager – *easy listening*; Songtexte – *lyrics*.

Hinweis

– Auf Seite 133 finden Sie die *Video Exercises*, die eigenständig während der Stunde oder zu Hause gelöst werden können. (Lösung *1 B; 2 C; 3 B; 4 C; 5 B; 6 C*)

Coincidences

Lernziele	• Zufälle und seltsame Ereignisse erzählen • Aprilscherze machen • Über Zwillinge sprechen • Über Meilensteine im Leben sprechen
Grammatik	• Vorvergangenheit *(Past Perfect)*
Materialien	• Aufgabe 06: Kopiervorlage 11.1, ausschneiden • Aufgabe 10: Kopiervorlage 11.2, eine Kopie pro Teilnehmer • Ideenpool: 2 Kärtchen pro Teilnehmer

Picture

1. Bitten Sie die Teilnehmer, sich das Bild anzuschauen. Fragen Sie *What does the picture show? Do you notice anything strange?*
2. Erweitern Sie die Frage *Do you think this is better than before or worse? Why?*
3. Übernehmen Sie die Wörter **event** und **coincidence** an die Tafel. Fragen Sie, ob jemand den Begriff *event* vielleicht als Anglizismus kennt? Geben Sie wenn nötig ein einfaches Beispiel: *The Olympic Games or the presentation of the Oscars concerts are events.* Erklären Sie *coincidence* z. B., indem Sie sagen *A coincidence is when two strange or funny things happen at the same time.*

---

01 **Warm up**

1. Lesen Sie die Anweisung in der Randspalte vor. Sie können den neuen Begriff *April Fool's Day* einfach mit dem Datum erläutern *April Fools's Day is on April 1.*
2. Bitten Sie freiwillige Teilnehmer, die Überschriften und die Sprechblasen vorzulesen. Neu sind die Begriffe *bees*, *right-hand driving* und *headline*. Ermuntern Sie die Teilnehmer, die Bedeutung aus dem Zusammenhang heraus zu erschließen.
3. Geben Sie den Teilnehmern Zeit, sich mit einem Nachbarn zu besprechen. Diskutieren Sie dann in der Gruppe, welche Überschrift wahr sein könnte. Beginnen Sie, indem Sie z. B. einen Teilnehmer ansprechen *I don't think the BMW story is true, what do you think (Bernd)?*
4. Sammeln Sie abschließend alle Eindrücke. Gibt es eine Überschrift, die alle Teilnehmer für erfunden halten, und welche halten die meisten Teilnehmer für wahr? Entscheiden Sie einfach per Handzeichen.

Lösung

> *The first story is true: In Detroit, in the 1930s, a man named Joseph Figlock was walking down the street when a baby fell on top of him from a high window. The baby's fall was broken, and both man and baby were unharmed. A year later, the very same baby fell onto Joseph Figlock from exactly the same window when he was walking along the street again. Again both survived. It is not known who the careless mother was / parents were.*

02 Book review

26

1. Die Teilnehmer machen sich mit der Anweisung in der Randspalte vertraut. Stellen Sie sicher, dass alle Teilnehmer die Bedeutung von *twins* kennen: *Twins are two children born at the same time to the same parents.*
2. Erklären Sie, dass die Teilnehmer eine Buchbesprechung hören werden und dabei den Text mitlesen. Fragen Sie zur Einstimmung: *Do you read book reviews? Do you find them helpful?* Sammeln Sie Antworten auf Zuruf.
3. Bitten Sie anschließend die Teilnehmer, sich das Buchcover auf Seite 111 anzuschauen. Fragen Sie: What kind of book do you think this is? Sammeln Sie Ideen von Teilnehmern.

Beispielantworten

> *I think it could be a collection of stories. I guess there are a lot of newspaper articles in it. The book could have a lot of interviews in it. I think there are many stories in it that are hard to believe.*

4. Spielen Sie die CD einmal ab. Die Teilnehmer hören zu und lesen mit und suchen dabei nach der Antwort auf die Randspalte.
5. Fragen Sie nach der Antwort auf die Frage in der Randspalte. Sammeln Sie freiwillige Meldungen. Bestätigen Sie die richtige Antwort und fragen Sie nach: *Where in the text did you find the answer?*

Lösung

Two stories

6. Geben Sie den Teilnehmern Zeit, den Text nach unbekannten Wörtern zu durchforsten. Klären Sie Verständnisfragen.
7. In Zeile 33 kommt die Figur des *Father Christmas* in Zusammenhang mit dem Nachnamen der Familie *Christmas* auf. Hier kann es hilfreich sein, zu erläutern *Father Christmas is the man with the red coat and the white beard who brings the presents: Santa Claus.*
8. Spielen Sie die CD zur Vertiefung des Hörverständnisses nochmals ab.
9. Laden Sie die Teilnehmer anschließend ein, den Text nun selber vorzulesen. Überlassen Sie es den Teilnehmern, wie viel sie lesen möchten. Jeder Leser gibt den Text an einen anderen Teilnehmer weiter, indem er sagt: *(Mark) would you like to go on?* Unterstützen Sie bei der Aussprache.
10. Spielen Sie abschließend die CD nochmals ab. Dabei können die Teilnehmer mit geschlossenen Büchern zuhören.

Hinweis

− Der Begriff *moped* wurde 1952 von dem schwedischen Journalisten Harald Nielsen geprägt. Er steht für *motored bike with pedals* (Pedale).

03 Quick check

1. Die Teilnehmer machen sich mit der Aufgabenstellung vertraut. Helfen Sie bei Unklarheiten.
2. Die Teilnehmer lösen die Aufgabe jeder für sich.
3. Vergleichen Sie indem die Teilnehmer die Sätze in Sitzreihenfolge vorlesen.

Lösung

1 B; 2 C; 3 A; 4 E; 5 D

Hinweis

– Bei Nachfragen zu *had had* in Satz D verweisen Sie vorerst darauf, dass es sich um eine weitere Vergangenheitsform handelt. Die Erläuterung erfolgt in der *Language Box* in 05.

04 Talk about the text

1. Erläutern Sie, dass sich die ersten vier Fragen auf den Text in 02 beziehen, während die Fragen 5 und 6 Diskussionsfragen sind. Geben Sie den Teilnehmern Zeit, alle Fragen durchzulesen. Das Wort *surname* lässt sich einfach mit einem Beispiel erklären. Unterstützen Sie bei Unklarheiten.
2. Die Teilnehmer beantworten zuerst die Fragen 1–3. Dazu können Sie sich mit einem Nachbarn besprechen.
3. Sammeln Sie mögliche Antworten auf Zuruf. Bitten Sie die antwortenden Teilnehmer, bei Unklarheiten die relevanten Textstellen in 02 zu benennen.

Lösung

1 They were on their way to a conference for cardiologists.; 2 Their name was Christmas, and their accident happened on Christmas Eve.; 3 Same age, same month, same moped, same street, same taxi, same driver, same passenger (and same result).

4. Bitten Sie jeweils einen freiwilligen Teilnehmer, nacheinander die Fragen 4–6 vorzulesen. Fragen Sie dann den ersten Teilnehmer nach seiner Meinung zu Frage 4. Diskutieren Sie weiter in der Gruppe. Verfahren Sie ebenso mit 5 und 6.

Variante ab 4.

4. Bei einer Gruppe ab sechs Personen bilden Sie Zweiergruppen. Die Zweiergruppen diskutieren die Fragen 4–6 vorerst unter sich. Bei einer ungeraden Teilnehmeranzahl beteiligen Sie sich an der Gruppenarbeit.
5. Bitten Sie abschließend eine erste Zweiergruppe, ihre Meinung zu Frage 4 vorzustellen. Geben Sie den anderen Zweiergruppen Zeit, diese zu kommentieren. Unterstützen Sie wo nötig. Verfahren Sie ebenso mit den Fragen 5 und 6.

05 LANGUAGE

▶ Grammatikseite 138

1. Übernehmen Sie das Bild aus der Randspalte an die Tafel.

past perfect (had+Partizip Perfekt)	simple past	present

Erläutern Sie, dass es in dieser *Language Box* um zwei Formen der Vergangenheit geht: um das schon bekannte *simple past* und um das *past perfect*.
2. Bitten Sie vier Teilnehmer, die Beispielsätze in der *Language Box* vorzulesen.

3. Erklären Sie, dass das *past perfect* etwas ausdrückt, dass vor einer Zeit in der Vergangenheit geschehen ist. Dazu können Sie auch die Grammatikerläuterungen auf den Seiten 138–139 zu Rate ziehen. Bitten Sie die Teilnehmer, den Satzteil oder Satz zu unterstreichen, der am weitesten in der Vergangenheit zurückliegt.

4. Freiwillige Teilnehmer lesen ihre Lösungen vor. Tragen Sie die Formen in das Tafelbild ein. Bitten Sie daraufhin freiwillige Teilnehmer, die *simple past*-Formen in das Tafelbild einzutragen. Ihr Tafelbild könnte dann so aussehen:

past perfect (had+Partizip Perfekt)	simple past	present
he had had an accident	he had an accident	
the plane had already left	the plane left	
they hadn't delivered	they didn't deliver	
she had recovered	she recovered	

5. Fordern Sie die Teilnehmer auf, den Text 02 nach Formen im *past perfect* zu durchforsten. Sammeln Sie die Nennungen auf Zuruf. Übernehmen Sie die Form *the taxi driver had been with the same passenger* in das Tafelbild. Erläutern Sie, dass *had been* wie alle *past perfect* Formen einfach mit *had* und der dritten Form des Verbs *be* gebildet wird.

6. Vertiefen Sie die Bildung des *past perfect*, indem Sie folgenden Satzanfang an die Tafel schreiben *Before I came to our English lesson, I had …* . Vervollständigen Sie den Satz, indem Sie z. B. sagen: *Before I came to our English lesson, I had already had another lesson.* Bitten Sie dann einen anderen Teilnehmer, den Satz unter Verwendung des *past perfect* mit einem neuen Satzende zu vervollständigen.

Hinweis

open → had opened
go → had gone
have → had had

– Die Form *had had* führt häufig zu Verwirrungen. Verweisen Sie in dem Fall nochmals auf die Bildung des *past perfect* aus *had+3rd form*. Schreiben Sie drei Verben an die Tafel, z. B. *go*, *eat* und *have*. Bitten Sie die Teilnehmer, daraus das *past perfect* zu bilden. Schreiben Sie die korrekten Formen an die Tafel und machen Sie so die parallele Bildung der Formen deutlich.

06 Practice

1. Die Teilnehmer machen sich mit der Aufgabestellung vertraut. Lesen Sie den ersten Beispielsatz vor. Klären Sie Verständnisfragen.
2. Geben Sie den Teilnehmern Zeit, die Lücken jeder für sich zu vervollständigen.
3. Bitten Sie anschließend einen Teilnehmer, den zweiten Satz vorzulesen. Geben Sie den anderen Teilnehmern Zeit, diese Lösung zu kommentieren, bevor Sie dies selbst tun. Der erste Teilnehmer gibt das Vorlesen an einen anderen Teilnehmer.
4. Verfahren Sie ebenso mit den Sätzen 3–8.

Lösung

2 had finished; 3 had been; 4 had seen; 5 had eaten; 6 had read; 7 Had you already seen; 8 had got

Erweiterung

11.1

► Teaching tip
Partner-/Gruppen-
arbeit

5. Schneiden Sie Zeitangaben auf der Kopiervorlage 11.1 aus. Mischen Sie die Kärtchen in einer Schachtel oder einem Hut.
6. Schreiben Sie an die Tafel *(time) I had already …* Erklären Sie, dass die Teilnehmer mit Hilfe der Zeitangaben einen Satz im *past perfect* bilden sollen. Geben Sie ein Beispiel: *On Monday at 11am I had already been to the gym.*

7. Bitten Sie einen ersten Teilnehmer, eine Karte zu ziehen und einen Satz ähnlich dem Beispiel zu bilden. Geben Sie der Gruppe Zeit, diesen zu kommentieren, bevor Sie dies selbst tun.

8. Der Teilnehmer, der einen Satz gebildet hat, fragt einen anderen Teilnehmer *What about you?* Der gefragte Teilnehmer antwortet ebenfalls im *past perfect*. Der Kartenbesitzer lässt den nächsten Teilnehmer ein Kärtchen ziehen.

9. Verfahren Sie so, bis alle Karten verwendet worden sind.

07 Now you

1. Benutzen Sie den Satz 08 aus Aufgabe 06 für eine Überleitung zu dieser Aufgabe. Lesen Sie den Satz erneut vor und fragen Sie z. B. *Do you like travelling to cold countries with lots of snow and ice?* Machen Sie dazu ein kurzes Brainstorming.

2. Die Teilnehmer machen sich mit der Aufgabestellung vertraut.

3. Lesen Sie die Begriffe im Kasten laut vor. Neu sind die Wörter *crime stories* und *novel*. Die einfachste Erklärung ist sicherlich die, einen bekannten Titel als Beispiel zu nennen.

4. Bitten Sie zwei Teilnehmer, die Texte in den Sprechblasen vorzulesen. Klären Sie Verständnisfragen.

5. Fordern Sie die Teilnehmer auf, sich einen Partner im Raum zu suchen. Die Zweiergruppen tauschen sich anschließend aus. Bei einer Gruppe mit ungerader Teilnehmeranzahl bilden Sie Dreiergruppen.

6. Beenden Sie die Runde, wenn das Redeaufkommen deutlich nachlässt. Schreiben Sie anschließend an die Tafel *like   don't like*.

7. Bitten Sie zwei freiwillige Teilnehmer an die Tafel. Fordern Sie die anderen Teilnehmer auf, zu berichten, was sie von ihren Gesprächspartnern erfahren haben. Die „Schreiber" an der Tafel notieren dies und tragen abschließend ihre eigenen Resultate ein.

8. Diskutieren Sie mit den Teilnehmern die Aufzeichnungen: Gibt es etwas, was alle Teilnehmer gern lesen? Gibt eine gemeinsame Abneigung?

Hinweise

– Die Aufgabe wiederholt das Ausdrücken von Vorlieben und Abneigungen anhand von Verben mit *-ing* Formen. Dazu kann es nützlich sein, sich erneut die *Language Box* in 05 in Unit 2 auf Seite 22 anzuschauen.

– Das Wort *novel* ist aus dem Italienischen entlehnt, wo *novella* eine neue kleine Geschichte bezeichnete. Das englische Wort für Novelle ist *novella*.

08 Practice

1. Die Teilnehmer machen sich mit der Aufgabe vertraut und lesen die Satzteile durch. Bei Unklarheiten können sie sich vorerst mit einem Nachbarn besprechen, bevor Sie Verständnisfragen klären.

2. Die Teilnehmer lösen die Aufgabe jeder für sich.

3. Bitten Sie einen Teilnehmer, seinen Lösungssatz vorzulesen. Lassen Sie den anderen Teilnehmern Zeit, diesen mit ihren Lösungen zu vergleichen. Der Vorleser bittet einen anderen Teilnehmer, fortzufahren und so weiter, bis alle Satzteile verbunden wurden.

Lösung

1 D; 2 A; 3 E; 4 C; 5 B

09 Now you

1. Die Teilnehmer schauen sich zur Einstimmung auf das Thema die Zeichnung an. Fragen Sie *What do you think the vehicles in the circle stand for?* Für die Diskussion können die folgenden Wörter hilfreich sein: *pram* – Kinderwagen; *tricycle* – Dreirad; *van* – Bulli; *wheelchair* – Rollstuhl. Brainstormen Sie in der Gruppe (z. B. *They stand for different times in people's lives*).
2. Lesen Sie die Anweisung in der Randspalte vor. Neu ist der Begriff *milestone*. Erklären Sie z. B. *A milestone is a special event in somebody's life, e.g. the birth of a child or starting a new job.*
3. Bitten Sie einen Teilnehmer, die *Useful Language Box* vorzulesen. Klären Sie Verständnisfragen.
4. Erklären Sie, dass die Teilnehmer über wichtige Ereignisse in der Vergangenheit mit Hilfe der *Useful Language Box* und unter Verwendung des *past perfect* Aussagen machen sollen. Beispiele dazu finden sich in den zwei Sprechblasen.
5. Bitten Sie zwei Teilnehmer, diese vorzulesen. Die Teilnehmer können zur Erinnerung die Zeitformen in den Sprechblasen benennen.
6. Geben Sie den Teilnehmern Zeit, sich mindestens zwei Sätze wie in den Sprechblasen zu notieren. Gehen Sie herum und unterstützen Sie wo nötig. Notieren Sie sich ebenfalls einen Beispielsatz.
7. Beginnen Sie den Austausch mit einem redesicheren Teilnehmer. Stellen Sie Ihren Beispielsatz vor und fragen Sie nach: *How about you?*
8. Die Teilnehmer tauschen sich anschließend mit ihrem Nachbarn aus.
9. Beenden Sie die Aufgabe, wenn das Redeaufkommen deutlich nachlässt. Leiten Sie eine Abschlussrunde ein, indem Sie nachfragen, welcher Teilnehmer einen Beispielsatz für den ersten Ausdruck in der *Useful Language Box* hat. Übernehmen Sie einige der freiwilligen Nennungen an die Tafel. Verfahren Sie so mit mindestens vier Ausdrücken aus der *Language Box*.

10 Wordpower

happy coincidence
unhappy coincidences

1. Die Teilnehmer lesen sich die Anleitung in der Randspalte durch. Erläutern Sie, dass man mit *dis-*, *im-*, *in-* und *un-* negative Formen von Worten bilden kann. Übernehmen Sie als Beispiel die Teilüberschriften aus 02 an die Tafel.
2. Lesen Sie die Wörter im Kasten vor. Neu sind die Begriffe *impolite*, *incorrect* und *inexpensive*. Da die Teilnehmer die Begriffe ohne die Vorsilben schon kennen, können Sie die Bedeutung lediglich bei Nachfragen erklären.
3. Die Teilnehmer lösen die Aufgabe jeder für sich und sprechen sich bei Unklarheiten mit einem Nachbarn ab.
4. Vergleichen Sie die Ergebnisse, indem die Teilnehmer ihre Ergebnisse in Sitzreihenfolge vorlesen.

Lösung

2 unlucky; 3 impolite; 4 inexpensive; 5 incorrect; 6 disadvantage; 7 disagree; 8 unpopular

Erweiterung

11.2

5. Verteilen Sie eine Kopiervorlage 11.2 pro Teilnehmer.
6. Erklären Sie den Teilnehmern, dass in dem Kreuzworträtsel nur Wörter mit den Vorsilben *un-*, *in-*, und *dis-* gesucht werden, die sie aus den Wörtern in der Wolke bilden sollen.
7. Beim Lösen können sich die Teilnehmer mit einem Nachbarn absprechen.
8. Vergleichen Sie abschließend die Lösungen, indem die Teilnehmer ihre Wörter in Sitzreihenfolge vorlesen.

9. Bei Unklarheiten in der Schreibweise buchstabieren Sie, statt die Wörter gleich an die Tafel zu übernehmen.

10. Fragen Sie, wer das *Mystery Word* vollständig gelöst hat. Übernehmen Sie die Lösung an die Tafel.

Lösung der Kopiervorlage

1 unfriendly; 2 unlucky; 3 disagree; 4 unhappy; 5 disadvantage; 6 unhealthy;
7 impossible; 8 dislike; 9 unbelievable; 10 uninteresting
Mystery word: detective story

11 Listening

27

1. Bitten Sie die Teilnehmer, die Bücher zu schließen und kündigen Sie an, dass sie ein Interview zum Thema Zwillinge hören werden.
2. Übernehmen Sie die Frage aus der Randspalte an die Tafel. Spielen Sie die CD einmal ab.
3. Fragen Sie, wer die Antwort auf die Frage gefunden hat. Übernehmen Sie die richtige Zahl an die Tafel.

Lösung

39

4. Brainstormen Sie erste Eindrücke. Fragen Sie z. B. *What do you remember about the interview?*
5. Bitten Sie die Teilnehmer, die Bücher auf Seite 114 zu öffnen. Geben Sie der Gruppe Zeit, die Aufgabenstellung und die Tabelle in der Aufgabe zu lesen. Klären Sie Verständnisfragen. Übernehmen Sie die neuen Wörter *drawing* und *woodwork* an die Tafel. Erläutern Sie die Wörter z. B. indem Sie sagen *Drawing is making pictures and woodwork is building things out of wood.*
6. Spielen Sie die CD ein zweites Mal ab. Die Teilnehmer füllen dabei die Tabelle aus.
7. Vergleichen Sie die Ergebnisse, indem die Teilnehmer ihre Einträge in Sitzreihenfolge vorlesen. Spielen Sie abschließend die CD ein drittes Mal ab.

Lösung

James; drawing and woodwork; math; spelling; Linda; Betty; James Alan / James Allan; Toy

8. Lesen Sie anschließend den zweiten Teil in der Aufgabenstellung vor. Die Teilnehmer können sich dazu mit einem Nachbarn besprechen. Sammeln Sie die Ideen dazu auf Zuruf.

Transcript

J = Jerry
C = Cindy

27

J Have you ever wondered if you had an identical twin somewhere? A brother or sister who liked and disliked the same things as you, who did the same things and had the same lifestyle? Here's Cindy Rivera to tell you about a survey about twins that will blow your mind … Cindy.

C Thank you, Jerry. So, in a 1979 survey, Thomas Bouchard, a psychologist at the University of Minnesota, studied the lives of identical twins who had grown up in different families. Some of the twins did not know each other, but many things about them were very similar, if not identical. James Arthur Springer and James Edward Lewis were adopted by separate families when they were one month old. They had only just met, at the age of 39, when Bouchard first interviewed them.

Some incredible coincidences were then discovered. At school, they had shown the same interest in drawing and wood work; their favourite school subject had been math, their least favourite, spelling. It gets better. Both James and James had married a woman called Linda, and then divorced her. They had then married again, both to a woman called Betty. They found that they drank the same kind of beer, smoked the same cigarettes and drove the same cars. They both had sons, one called James Alan – "Alan" with one "l" and the other called James Allan – "Allan" with two "l"s. And – wait for it – they both had a dog called Toy.

J   Wow. Thank you Cindy and now let's ask if anyone in the audience has had similar experiences …

12   Reading

1. Die Teilnehmer machen sich mit der Aufgabestellung vertraut. Geben Sie genug Zeit, die E-Mail durchzulesen. Klären Sie Verständnisfragen. Neu ist u. a. der Ausdruck *It really made my day*. Sie können diesen Ausdruck umschreiben: *Yesterday I came home and my husband had already cooked dinner! That really made my day!* Finden Sie gemeinsam die Anwort auf die Frage *What really "made Joel's day"?*

Lösung

He met someone he hadn't seen for 20 years.

2. Bitten Sie anschließend einen Teilnehmer, die drei Redewendungen unter der E-Mail vorzulesen. Stellen Sie sicher, dass die Ausdrücke bekannt sind.
3. Die Teilnehmer füllen die Lücken in der E-Mail.
4. Vergleichen Sie die Lösungen, indem Sie z. B. fragen *Which gap does the first phrase go in?* Sammeln Sie freiwilligen Nennungen. Verfahren Sie ebenso mit den restlichen Ausdrücken.

Lösung

1 You'll never guess; 2 I couldn't believe my eyes; 3 Isn't that amazing?

Erweiterung

> Write an answer email.
> Ask Joel 2 questions. What would you like to know about Chiara?

5. Bitten Sie abschließend einen Teilnehmer, die gesamte E-Mail vorzulesen.
6. Die Teilnehmer verfassen als Hausaufgabe eine Antwort auf die E-Mail. Geben Sie dazu einige Hilfestellungen. Übernehmen Sie die Aufgabenstellung aus der Randspalte an die Tafel.
7. Bitten Sie die Teilnehmer, Ihnen die E-Mail vor der nächsten Stunde zuzuschicken. Schicken Sie die korrigierten Versionen zurück. Die Teilnehmer lesen ihre E-Mails in der nächsten Stunde vor.

13   Round up

> I couldn't believe my eyes!
> Isn't that amazing?
> You'll never guess …

1. Lesen Sie die Anweisung in der Randspalte vor.
2. Erklären Sie, dass es in dieser Aufgabe darum geht, selbst erlebte, spannende oder erstaunliche Geschichten zu erzählen. Die Teilnehmer sollten daher nochmals die Redemittel aus Aufgabe 02, 11 und 12 durchlesen, mit denen Erstaunen oder Spannung ausgedrückt wird. Übernehmen Sie diese gegebenenfalls an die Tafel. Fragen Sie: *Do you know any other phrases which might be useful for telling a story?* Sammeln Sie weitere Ausdrücke per Zuruf, die die Teilnehmer eintragen.
3. Geben Sie den Teilnehmern Zeit, sich Notizen zu machen. Gehen Sie herum und unterstützen Sie wo nötig.

4. Beginnen Sie, indem Sie eine kurze Geschichte erzählen.

Beispiellösung

You'll never guess what happened to me yesterday! I went to the supermarket and there at the cheese counter I suddenly met a friend from school: Anke. I hadn't seen her for more than 25 years. And what's even stranger: I had had a look at an old photo album that morning and there I had seen a photo of the two of us together.

5. Bitten Sie anschließend einen ersten freiwilligen Teilnehmer, seine Geschichte zu erzählen. Korrigieren Sie nur, falls der Inhalt unverständlich erscheint. Betonen und loben Sie vielmehr die Erzählleistung. Anschließend erzählen die anderen Teilnehmer in freiwilliger Reihenfolge ihre Geschichten.

6. Sammeln Sie nützliche Nachfragen von Teilnehmern zu Redemitteln an der Tafel.

7. Prämieren Sie am Ende die Geschichte, die alle am spannendsten fanden.

Hinweis

– Diese Aufgabe eignet sich gut als Hausaufgabe, wenn Sie den Teilnehmern viel Zeit zum Aufschreiben von Notizen geben möchten.

Ideenpool

▶ Aufgabe 08

1. In Vorbereitung zu 09 übernehmen Sie den Satzteil *By the time I was 20 …* an die Tafel. Verteilen Sie zwei Kärtchen pro Teilnehmer.

2. Bitten Sie alle Teilnehmer, sich zu überlegen, wie sie diesen Satz für sich selbst vervollständigen könnten. Dabei sollte eine Vervollständigung wahr, die andere erfunden sein. Die Teilnehmer notieren jeweils einen Satz pro Karte.

3. Wenn alle Karten beschrieben sind, bitten Sie die Teilnehmer, ihre Karten an einen Nachbarn weiterzugeben.

4. Die neuen „Besitzer" der Karten korrigieren die Sätze sprachlich nach eigener Einschätzung und geben Sie an den ursprünglichen Verfasser zurück.

5. Dieser liest beide Karten vor. Korrigieren Sie wenn nötig. Die Gruppe rät, welche der beiden Karten die erfundene ist.

Hinweis

– Bei einer Gruppe ab 8 Personen bilden Sie Zweiergruppen. Jede Zweiergruppe erhält zwei Kärtchen.

Hausaufgaben

Extra Practice Reminder:

☐ p._____   No. _____ _____ _____

☐ p._____   No. _____ _____ _____

☐ p._____   No. _____ _____ _____

☐ _____

☐ _____

Consolidation

Consolidation Units bieten Ihnen die Möglichkeit, Wortschatz und Grammatik aus den vorangegangenen Units zu vertiefen, aufzufrischen und zu erweitern.

Lernziele	• Wiederholen und Vertiefen der Lernziele aus Unit 9–11
Grammatik	• *Want someone to do something*
Materialien	• Aufgabe 10: Kopiervorlage 12.1, eine Kopie pro Teilnehmer

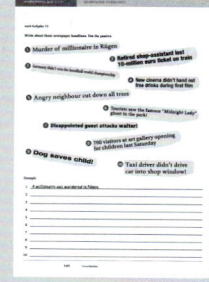

Picture

1. Erklären Sie, dass es in dieser Unit u. a. um Spukhäuser geht. Schauen Sie mit den Teilnehmern das Bild an. Fragen Sie *What do the people in this poster look like?*

Beispiellösung

angry; shocked; frightened; worried; aggressive; afraid

2. Laden Sie die Teilnehmer ein, über den Film spekulieren: *Do you think this is a real horror film? Or maybe a comedy? Would you go to the cinema to watch this film?*

---

01 Warm up

1. Bitten Sie die Teilnehmer, die Fragen und Texte in den Sprechblasen durchzulesen.
2. Lesen Sie die erste Frage vor und sprechen Sie einen sicheren Teilnehmer direkt an. Bestätigen Sie bei Frage 1 die richtige Antwort. Fordern Sie diesen auf, seinerseits die Gruppe nach ihrer Meinung zu fragen.
3. Verfahren Sie ebenso mit den Fragen 2 und 3.

---

02 Text

29

1. Die Teilnehmer lesen die Anweisung und Frage in der Randspalte. Übernehmen Sie den Titel der Geschichte an die Tafel *The baron's daughter*. Erklären Sie das neue Wort *baron* z. B. so: *Baron is an aristocratic title. Another title is Lord.*
2. Erklären Sie, dass die Teilnehmer eine Geistergeschichte hören werden und dabei den Text mitlesen können. Verweisen Sie bei der Gelegenheit auch auf das Foto in der Randspalte: *The picture shows spooky Featherstone Castle.*
3. Spielen Sie die CD einmal ab. Die Teilnehmer lesen dabei den Text mit.

---

4. Brainstormen Sie anschließend in der Gruppe erste Eindrücke. Fragen Sie z. B. *Did you like the story? Was the speaker easy to understand or difficult?*
5. Fragen Sie anschließend, ob jemand schon die Antwort auf die Frage in der Randspalte gefunden hat. Sammeln Sie die Lösung auf Zuruf. Bitten Sie den Teilnehmer mit der richtigen Lösung, die Stelle im Text zu benennen (Zeile 22).

Lösung

Ridley

6. Geben Sie den Teilnehmern anschließend Zeit, Verständnisfragen zu stellen.
7. Nutzen Sie den Text und die CD für eine Vorleseübung. Erklären Sie, dass die Teilnehmer den Text erneut in einzelnen Abschnitten hören werden. Die Teilnehmer lesen anschließend den gerade gehörten Teil selber nochmals vor. Sie könnten die folgende Einteilung vornehmen: 1: Zeile 1–3; 2: Zeile 4–10; 3: Zeile 11–16; 4: Zeile 16–21; 5: Zeile 22–Ende.
8. Spielen Sie die CD erneut ab und stoppen Sie nach jedem Abschnitt. Ermuntern Sie freiwillige Teilnehmer, den eben gehörten Text laut vorzulesen und dabei den Sprecher zu imitieren. Unterstützen Sie bei der Aussprache.

03 Quick check

1. Ein Teilnehmer liest die Anweisung in der Randspalte vor.
2. Es empfiehlt sich vor Bearbeitung der Aufgabe, zuerst alle Sätze A–F durchzulesen. Bitten Sie die Teilnehmer, diese in Sitzreihenfolge vorzulesen.
3. Neu ist der Begriff *anniversary*. Erklären Sie das Wort, indem Sie z. B. sagen *An anniversary is a day on which people regularly celebrate a special event in their life. A lot of people celebrate their wedding anniversary every year.*
4. Anschließend lösen die Teilnehmer die Aufgabe jeder für sich.
5. Vergleichen Sie abschließend die Lösung, indem freiwillige Teilnehmer die Sätze in der richtigen Reihenfolge vorlesen. Korrigieren Sie bei Unstimmigkeiten.

Lösung

2 C; 3 E; 4 A; 5 F; 6 B

04 Talk about the text

1. Erklären Sie, dass bei dieser Aufgabe nach den inhaltsbezogenen Textfragen 1–4 die letzten beiden Fragen Diskussionsfragen sind.
2. Die Teilnehmer beginnen mit den Fragen 1–4. Bei einer Gruppe bis sechs Personen bitten Sie einen Teilnehmer, die erste Frage vorzulesen. Brainstormen Sie mögliche Antworten in der Gruppe.
3. Verfahren Sie ebenso mit den Fragen 2–4. In Frage 4 taucht erstmals das Verb *appear* auf. Fragen Sie, ob jemand die Bedeutung aus der Frage heraus erklären kann. Bei Nachfrage bilden Sie einen Beispielsatz: *Many ghosts appear at midnight, they can be seen at midnight.*

Beispiellösung

1 Because her father didn't want her to marry a poor man.; 2 She was probably not feeling very happy.; 3 They were murdered, probably by Ridley.; 4 Because that was the date of the wedding.

4. Bitten Sie einen Teilnehmer, die Frage 5 vorzulesen. Brainstormen Sie mögliche Antworten in der Gruppe.

Beispiellösung

5 The moral is that parents should let their children choose their own partners.

5. Ein weiterer Teilnehmer liest die Frage 6 vor. Bei einer sprechunsicheren Gruppe machen sich die Teilnehmer Notizen. Bei einer diskussionsfreudigen Gruppe besprechen sich die Teilnehmer mit einem Nachbarn. Geben Sie allen die Möglichkeit, nach Vokabeln zu fragen.
6. Fragen Sie nach einem ersten Freiwilligen, der etwas erzählen möchte.

---

05 LANGUAGE

▶ Grammatikseite 143

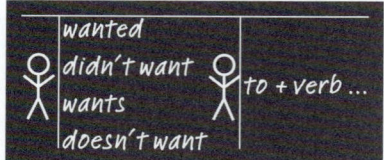

1. Die Teilnehmer lesen die Sätze der *Language Box* durch.
2. Übernehmen Sie das Bild aus der Randspalte an die Tafel.
3. Erläutern Sie, dass mit dieser Struktur ausgedrückt wird, dass eine Person möchte, dass eine andere Person etwas tut oder unterlässt. Sprechen Sie als Beispiel diesen Satz vor: *The baron wanted his daughter to marry.* Verweisen Sie dabei bei *the baron* auf das erste Strichmännchen und bei *his daughter* auf das zweite Strichmännchen.
4. Bitten Sie die Teilnehmer, die Sätze in der *Language Box* mündlich in die Gegenwart zu übertragen. Übernehmen Sie die Formen in ihr Tafelbild.

Lösung

The baron wants his daughter to be a great lady.; He doesn't want her to marry a poor man.

Hinweis

– Weisen Sie darauf hin, dass in der Gegenwart statt *want* auch *would like* verwendet werden kann.

---

06 Practice

1. Die Teilnehmer machen sich mit der Aufgabenstellung vertraut. Bitten Sie einen Teilnehmer, den ersten Beispielsatz vorzulesen. Neu ist der Begriff *annoyed*, der sich z. B. so erklären lässt: *When you're annoyed you're a bit angry.*
2. Ein zweiter Teilnehmer liest daraufhin Satz 2 vor und versucht, die Lücke zu füllen. Bestätigen Sie die richtige Lösung. Hier ist das Wort *smart* neu, dass die Teilnehmer als Anglizismus vielleicht mit ‚klug' oder ‚clever' übersetzen. *Smart* bedeutet hier jedoch ‚schick'. Ermutigen Sie die Teilnehmer, die Bedeutung aus dem Satzzusammenhang heraus zu erschließen. Brainstormen Sie eine mögliche Lösung in der Gruppe. Bestätigen Sie die korrekte Lösung.
3. Geben Sie den Hinweis, die Sätze erst einmal vollständig zu lesen, bevor die Teilnehmer beide Lücken füllen. Die Teilnehmer lösen die Sätze 3–5 jeder für sich und können sich dazu mit einem Nachbarn besprechen.
4. Vergleichen Sie abschließend die Lösungen, indem freiwillige Teilnehmer ihre Sätze vorlesen. Geben Sie der Gruppe Zeit, diese Vorschläge zu kommentieren, bevor Sie dies selbst tun.

Lösung

2 to wear; 3 don't want / to climb; 4 doesn't want / to look; 5 want / to go

---

Hinweis	– Weisen Sie darauf hin, dass die Person, die etwas tun oder lassen soll, immer zwischen *want / would like* und dem *to*-Infinitiv genannt wird.

07 Practice

I'd paid the tickets by credit card.
I'd pay the tickets by credit card.

1. Übernehmen Sie zum Einstieg das Bild aus der Randspalte an die Tafel.
2. Fragen Sie die Teilnehmer *What does the apostrophe d stand for? How do you know?*
3. Bestätigen Sie die richtige Lösung und erweitern Sie Ihr Tafelbild z. B. so.

> I'd paid the tickets by credit card. = I had paid ...
> I'd pay the tickets by credit card. = I would pay ...

4. Die Teilnehmer lösen die Aufgabe jeder für sich.
5. Beenden Sie die Aufgabe, wenn alle Lösungen angekreuzt wurden. Bitten Sie die Teilnehmer anschließend, die Lösungen mit einem Nachbarn zu vergleichen.
6. Bitten Sie abschließend freiwillige Teilnehmer, jeweils einen Satz in der Langform vorzulesen. Bestätigen Sie die richtigen Lösungen.

Lösung

3 had; 4 would; 5 had; 6 had; 7 would; 8 would

Erweiterung

7. Zur Vertiefung der Kurzform von *had* und *would* bitten Sie die Teilnehmer, zur Aufgabe 08 auf die Seite 113 zurückzukehren.
8. Die Teilnehmer lesen in Sitzreihenfolge die Sätze mit den Langformen *would* und *have* vor.
9. Fragen Sie nach: *How do you know whether the apostrophe d stands for had or for would?* Ermutigen Sie die Teilnehmer, ihre eigene Regel zu erstellen (Beispiel: *Would is always followed by an infinitive, had can be followed by the past participle.*)

08 Words

1. Lesen Sie die Aufgabenstellung in der Randspalte vor. Bitten Sie die Teilnehmer, die Wörter im Kasten in Sitzreihenfolge vorzulesen.
2. Stellen Sie sicher, dass die Bedeutung aller Begriffe klar ist. Neu sind die Adjektive *impatient* und *upset*. Fragen Sie nach *What do you think is the opposite of impatient?* Betonen Sie dabei die Vorsilbe *im-*. Aus der Antwort des bekannten *patient* können die Teilnehmer die Bedeutung sicherlich erschließen. *Upset* lässt sich mit einem Beispielsatz erklären: *Yesterday I heard that a good friend had had to go to hospital. I was really upset.*
3. Geben Sie den Teilnehmern Zeit, die Fragen 1–9 durchzulesen und mögliche Adjektive zuzuordnen.
4. Bitten Sie dann einen ersten Teilnehmer, die erste Frage vorzulesen. Brainstormen Sie mögliche Antworten in der Gruppe. Ermutigen Sie die Teilnehmer nachzufragen: *Really? Why would you feel angry? I think I would feel disappointed.*
5. Verfahren Sie ebenso mit den Fragen 2–9.

Variante ab 1.

1. Nutzen Sie den Kasten zu einer Diktatübung bei geschlossenen Büchern. Erläutern Sie, dass Sie nun eine Reihe von Wörtern vorlesen werden, die die Teilnehmer mitschreiben. Lesen Sie die Wörter aus dem Kasten deutlich in einer der Gruppe angemessenen Geschwindigkeit vor. Überspringen Sie die neuen Begriffe *impatient* und *upset*.

2. Bitten Sie Teilnehmer anschließend, das Buch auf Seite 122 zu öffnen und ihre Liste mit der im Kasten zu vergleichen und eigenständig zu korrigieren.

3. Fahren Sie dann mit 2. fort.

Hinweis

– Bei Unklarheiten wiederholen Sie die Bildung von *if*-Sätzen mit Hilfe der Grammatikübersicht von Unit 10 auf Seite 106.

---

09 Practice

1. Die Teilnehmer machen sich mit der Aufgabenstellung vertraut. Nehmen Sie sich Zeit, die Zeiten der zwei Teile der Aufgabe einzeln zu wiederholen. Schreiben Sie *past perfect* an die Tafel. Fragen Sie die Teilnehmer *When would you use the past perfect? What is the past perfect used for?* Übernehmen Sie nützliche Regeln der Teilnehmer als Notizen an die Tafel. Zur Vertiefung können Sie die Grammatikübersicht aus der Unit 11 auf Seite 116 zu Hilfe ziehen.

2. Die Teilnehmer lesen anschließend jeder für sich die Sätze 1–3 durch und kreuzen die Lösungen an. Dazu können sie sich mit einem Nachbarn besprechen. In Satz 2 ist das Wort *invitation* neu, das sich aber sicherlich aus dem Sinnzusammenhang mit dem Verb *invite* im ersten Satz erschließen lässt.

3. Bitten Sie anschließend einen freiwilligen Teilnehmer, die ersten beiden Sätze aus 1 mit der angekreuzten Lösung vorzulesen. Geben Sie der Gruppe Zeit, diese zu kommentieren, bevor Sie dies selbst tun. Verfahren Sie ebenso mit 2–3.

4. Abschließend für diesen Teil der Aufgabe können die Teilnehmer den Teil der jeweils ersten Aussagen aus 1–3 unterstreichen, der den Vorgang beschreibt, der am weitesten in der Vergangenheit zurückliegt, also die Teile im *past perfect*.

5. Gehen Sie zum zweiten Teil der Aufgabe über und schreiben Sie *past progressive* an die Tafel. Fragen Sie auch hier danach, welche Regeln die Teilnehmer für diese Zeit erinnern. Übernehmen Sie nützliche Hinweise als Notizen an die Tafel. Zur Vertiefung bietet sich die Grammatikübersicht aus der Unit 5 auf Seite 56 an.

6. Verfahren Sie anschließend ebenso wie in Schritt 2 und 3.

7. Abschließend für diesen Teil der Aufgabe können die Teilnehmer den Teil der jeweils ersten Aussagen aus 4–6 unterstreichen, der den länger andauernden Vorgang beschreibt, also die Teile im *present progressive*.

Lösung

1 after; 2 before; 3 The emails; 4 The train; 5 after; 6 The coach journey

---

10 Practice

1. Lesen Sie die Anweisung aus der Randspalte vor. Erklären Sie, dass diese Aufgabe in zwei Teilen den Unterschied zwischen dem Aktiv und dem Passiv im *simple past* wiederholt.

2. Beginnen Sie mit dem ersten Teil im Aktiv. Ein Teilnehmer liest das Beispiel vor.

3. Die Teilnehmer bearbeiten anschließend die Sätze 2–3 in Absprache mit einem Nachbarn.

4. Vergleichen Sie die Lösungen, indem freiwillige Teilnehmer die Sätze vorlesen. Bestätigen oder korrigieren Sie.

Lösung

2 The police closed the road this morning.; 3 The boss didn't come to work yesterday.

5. Der zweite Teil der Aufgabe wiederholt das Passiv im *simple past*. Ein freiwilliger Teilnehmer liest das erste Beispiel vor. Bei Nachfragen oder Unsicherheiten ziehen Sie die Erläuterungen in der Grammatikübersicht der Unit 9 auf Seite 96 zu Rate.

6. Bilden Sie Zweiergruppen, die die Sätze 5–8 bearbeiten. Gehen Sie herum und unterstützen Sie wo nötig. In Satz 7 wird erstmals das Wort *century* verwendet. Erklären Sie das Wort, indem Sie z. B. sagen *One century is a hundred years*.

7. Bitten Sie dann eine erste Zweiergruppe, ihre Lösung vorzulesen. Die anderen Zweiergruppen kommentieren diese Lösung. Danach liest eine andere Zweier-gruppe ihre Lösung vor. Verfahren Sie so bis zum Ende der Aufgabe.

Lösung

5 The game was played last Sunday.; 6 The road wasn't repaired very quickly.; 7 The houses were built in the 18th century.; 8 The windows weren't cleaned last month.

Erweiterung

8. Fragen Sie *Which of the first three sentences in the "active" part of the exercise can be put into the passive?*

9. Geben Sie den Teilnehmern Zeit, sich in Absprache mit einem Nachbarn die Lösung zu überlegen.

10. Sammeln Sie die ‚neuen' Passivsätze auf Zuruf und bitten Sie die Teilnehmer, ihre Lösung an der Tafel zu notieren.

Beispiellösung

1 The town was visited by the Queen in 2012.; 2 The road was closed by the police this morning.

Hinweis

– Achtung bei Satz 7: *built* ist das einzige unregelmäßige Verb. Beim Vorlesen könnte die richtige Schreibweise untergehen. Fragen Sie nach *Could you spell 'built', please?*

Erweiterung

  ▶ Teaching tip Partner-/Gruppen-arbeit

12.1

8. Verteilen Sie eine Kopiervorlage 12.1 pro Teilnehmer. Erklären Sie, dass die Teilnehmer Passivformen in der einfachen Vergangenheit mit Hilfe von Zeitungsüberschriften üben werden.

9. Lesen Sie die erste Überschrift mit dem dazugehörigen Beispiel vor. Bitten Sie einen Teilnehmer, die zweite Überschrift vorzulesen. Fordern Sie die Teilnehmer auf, die Überschrift ins Passiv umzuformulieren wie in Beispiel eins.

10. Sammeln Sie Antworten und übernehmen Sie die richtige Antwort an die Tafel.

11. Die Teilnehmer lösen anschließend die Aufgabe mit einem Partner. Gehen Sie herum und unterstützen Sie wenn nötig.

12. Eine erste Zweiergruppe liest anschließend die Lösung für Satz 3 vor. Geben Sie den anderen Zweiergruppen Zeit, diese zu kommentieren, bevor Sie dies selbst tun. Verfahren Sie ebenso mit den Sätzen 4–10.

Lösung der Kopiervorlage

2 A 10-million euro ticket was lost on a train by a retired shop-assistant; 3 The handball world championship wasn't won by Germany; 4 Free drinks weren't handed out during the first film at the new cinema.; 5 All the trees were cut down by an angry neighbour.; 6 The famous "Midnight Lady" ghost was seen by the tourists in the park!.; 7 A waiter was attacked by a disappointed guest! ; 8 The opening of the art gallery for children was visited by 700 people last Saturday; 9 The child was saved by the dog!; 10 The car wasn't driven into the shop window by the taxi driver!

| Hinweis | – Bei einer unsicheren Gruppe empfiehlt es sich, eine Beispiellösung für jeden Satz an die Tafel zu übernehmen. |

11 Listening

30

1. Bitten Sie einen Teilnehmer, die Anweisung aus der Randspalte vorzulesen. Ein zweiter Teilnehmer liest die anzukreuzenden Sehenswürdigkeiten vor. Klären Sie Verständnisfragen.
2. Spielen Sie die CD einmal ab. Die Teilnehmer kreuzen beim Zuhören die Lösungen an.
3. Fragen Sie nach dem ersten Hören *Which answers have you marked?* Sammeln Sie Antworten auf Zuruf.
4. Spielen Sie die CD ein zweites Mal ab und bitten Sie die Teilnehmer, Stopp zu rufen, wenn Sie die Stellen hören, die die anzukreuzenden Antworten betreffen. Bestätigen Sie die richtigen Lösungen.

Lösung

2; 3; 4; 6

5. Lesen Sie die Anweisung in der Aufgabe vor. Erklären Sie, dass es hier darum geht, seine Meinung zu äußern und zu begründen. Übernehmen Sie das Bild an die Tafel.

| opinion | + | – |
| I think… | That's right. | No, I don't think so. |

Fragen Sie *Which phrases do you know to express your opinion?* Sammeln Sie einige Redemittel per Zuruf an der Tafel. Ihr Tafelbild könnte abschließend so aussehen:

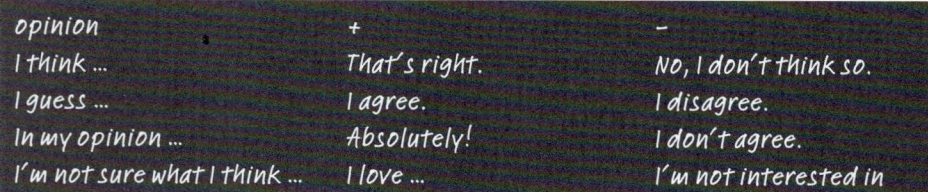

opinion	+	–
I think …	That's right.	No, I don't think so.
I guess …	I agree.	I disagree.
In my opinion …	Absolutely!	I don't agree.
I'm not sure what I think …	I love …	I'm not interested in

6. Geben Sie den Teilnehmern Zeit, sich zu den Aussagen Notizen zu machen. Unterstützen Sie bei Wortnachfragen.
7. Beginnen Sie, indem Sie Ihre eigene Meinung zu der ersten Aussage äußern. Sprechen Sie dann einen weiteren Teilnehmer an *(Andrea), what do you think?* Der Teilnehmer stellt seine Meinung dar und fragt seinerseits einen weiteren Teilnehmer und so fort. Halten Sie die Runde so lange am Laufen, bis Sie den Eindruck haben, dass sich keine neuen Aspekte mehr ergeben.
8. Verfahren Sie ebenso mit den anderen beiden Aussagen in der Aufgabe. Stellen Sie sicher, dass auch etwas schüchterne Teilnehmer die Gelegenheit bekommen, ihre Meinung zu äußern.

Background

Auf der Seite des National Trust finden sich weitere Informationen zu der Geschichte und den Geistergeschichten rund um Dunster Castle (http://www.nationaltrust.org.uk/dunster-castle/things-to-see-and-do/crypt/).

Transcript

N = Nicola
J = James
30 S = Stefan
G = Gabi

N Would you like to go to Dunster? That's an interesting place.
J It's a nice village. I can really recommend a visit.
N We could have lunch there. There are several places to eat.
S And are there interesting things to see there?
J Yes, there's a castle. We can have a look round it. It's on a hill at the end of the High Street, up above the village. There are good views from up there.
N And there are some unusual plants in the gardens.
G Is it an old castle?
J Well, there's been a castle there since the Middle Ages, but it isn't the original building. It's now a family home.
G And is it haunted?
J Haunted? I'm not sure.
N Yes, it is haunted. I was reading an article about it not long ago. There are lots of stories about ghosts in the castle. There's a 'ghost room' that you can go in, and the strange thing is that dogs never want to go in there. There's something there that makes them afraid.
J I've never heard that before.
N Well, I told you about it. You never listen to what I say.
S It's very strange, that dogs behave like that.
G I like haunted houses. I'd like to go there. Is it far?
J Oh, about 45 minutes in the car. I'm sure you'll like it there.

Ideenpool

▸ **Aufgabe 03**

1. Schreiben Sie *True or false* an die Tafel. Bilden Sie Zweiergruppen.
2. Jede Zweiergruppe erhält die Aufgabe, zwei Aussagen über die Geschichte zu verfassen. Die Aussagen können entweder wahr oder falsch sein. Gehen Sie herum und unterstützen Sie wo nötig.
3. Die Teilnehmer schließen die Bücher. Die Zweiergruppen lesen anschließend ihre Aussagen vor. Korrigieren Sie sprachliche Fehler. Die zuhörenden Zweiergruppen entscheiden, ob die vorgelesenen Aussagen wahr oder falsch sind. Geben Sie erst allen Gruppen die Gelegenheit, zu entscheiden, bevor Sie die richtige Lösung bestätigen.

Hausaufgaben

Extra Practice Reminder:

☐ p._____   No. _____ _____ _____

☐ p._____   No. _____ _____ _____

☐ p._____   No. _____ _____ _____

☐ _____

☐ _____

Die *Magazine*-Seiten bieten zusätzliche Materialien für den Unterricht oder für *extra practice* zu Hause an. Der erste Teil bietet Ihren Teilnehmern und Ihnen nützliche und interessante Informationen zu bekannten und weniger bekannten landeskundlichen Themen der englischsprachigen Welt. Kurze Texte und Vokabelhilfen geben den Teilnehmern die Möglichkeit, auch außerhalb der Units Texte zu lesen und zu verstehen. Im zweiten Teil des Magazines, dem *Kaleidoscope*, finden Sie neben spannenden Sachinformationen zu Themen im englischsprachigen Raum viele unterstützende und ergänzende Kurzübungen, die z. B. *false friends*, *idioms* oder auch die Unterschiede zwischen britischem, amerikanischem und australischem Englisch behandeln. Sie können die Seiten auch im Unterricht einsetzen.

Einsatzmöglichkeiten im Unterricht:

- Erläutern Sie, dass es in diesem *Magazine 1* um erstaunliche menschliche Leistungen geht. Bitten Sie die Teilnehmer, sich den ersten Text auf Seite 46 durchzulesen. Dazu können Sie sich bei Nachfragen mit einem Nachbarn besprechen. Klären Sie anschließend Verständnisfragen.
- Stellen Sie anschließend die Frage aus der Überschrift: *Could you do that? Why or why not?* Diskutieren Sie dies in der Gruppe. Stellen Sie anschließend die erweiternde Frage: *Would you do this? Why or why not?* Besprechen Sie auch diese Frage in der Gruppe.
- Bitten Sie die Teilnehmer anschließend, sich die Karte auf Seite 46 anzuschauen. Fragen Sie: *Can you describe Jean's journey? Which countries did he walk through?* Sammeln Sie die Antworten auf Zuruf und reisen Sie auf der Karte Jean mit dem Finger hinterher.
- Wenden Sie sich Seite 47 zu. Fordern Sie die Teilnehmer auf *Read the texts on page 47 carefully. Make sure you understand the whole texts.* Geben Sie ausreichend Zeit, Verständnisfragen zu stellen.
- Bilden Sie eine Tori- und eine Jane-Gruppe. Teilen Sie jeder Gruppe den dementsprechenden Text zu. Übernehmen Sie das Bild aus der Randspalte an die Tafel. Fordern Sie die Gruppen auf, die Geschichten der beiden Protagonistinnen aus der Sicht des Ehemanns bzw. der Tochter zu erzählen. Dazu können sich die Gruppen vorher Notizen machen. Bei einer Gruppe ab sechs Teilnehmern bilden Sie Zweiergruppen. Die Partner der Zweiergruppen berichten sich gegenseitig jeweils eine Geschichte. Gehen Sie herum und unterstützen Sie bei Nachfragen.
- Stellen Sie abschließend die Frage *Why do you think people like Tori and Jane did what they did? What was their motivation?* Diskutieren Sie in der Gruppe.

- Verteilen Sie eine Kopiervorlage M 1 pro Teilnehmer. Erläutern Sie, dass es darum geht, sich in Tori Murden hineinzuversetzen und einen Tagebucheintrag zu schreiben.
- Übernehmen Sie die Überschrift aus der Randspalte an die Tafel. Bilden Sie Zweiergruppen und bitten Sie die Gruppen, einen Tagebucheintrag zu verfassen, einen Tag vor ihrer Ankunft in Guadeloupe. Geben Sie Ideen: *What do you think Tori thought before she reached Guadeloupe? What was the weather like? What did she see? What did she feel like?*
- Geben Sie den Teilnehmern Zeit, ihren Eintrag zu verfassen. Gehen Sie herum und unterstützen Sie wo nötig.
- Die Zweiergruppen lesen anschließend ihre Texte vor. Sammeln Sie während des Vorlesens die verwendeten Adjektive an der Tafel. Gibt es eine Beschreibung, die in allen Texten vorkommt?

My wife Tori rowed across the Atlantic ...
Doctors said my Mom would die from cancer ...

M 1

1 day to go to Guadeloupe

Einsatzmöglichkeiten im Unterricht:

Ireland 1951
Philomena
Baby Anthony
unmarried mothers
adopted

- Erläutern Sie, dass es in diesem Magazine um die Geschichte von Philomena geht. Übernehmen Sie die Begriffe aus der Randspalte an die Tafel.
- Fordern Sie die Teilnehmer auf, in der Gruppe über den Inhalt der Geschichte des Films zu spekulieren.
- Fragen Sie, ob jemand die Schauspielerin Judi Dench auf den beiden Fotos kennt? Sammeln Sie eventuelles Vorwissen.

Background

Die für ihre Leistungen geadelte *Dame* Judi Dench ist Mitglied der Royal Shakespeare Company. Dem deutschen Publikum ist sie vielfach bekannt als „M" in den James Bond-Filmen *Skyfall* und *Golden Eye*.

- Bitten Sie die Teilnehmer, sich den Text auf Seite 86–87 durchzulesen. Dazu können Sie sich bei Nachfragen mit einem Nachbarn besprechen. Klären Sie anschließend Verständnisfragen.
- Lesen Sie die neuen Begriffe in der *A Little Help* box einmal laut vor, um die Aussprache zu verdeutlichen.
- Schreiben Sie diese Stichwörter an die Tafel: *Philomena's childhood and youth; life in Roscrea; Anthony's life ; Philomena's adult life*
- Bilden Sie vier Gruppen. Geben Sie jeder Gruppe die Aufgabe, sich zwei Fragen zu dem Text zu notieren. Gehen Sie herum und unterstützen Sie wo nötig.
- Bitten Sie eine erste Gruppen anschließend, ihre erste Frage an eine andere Gruppe zu stellen. Die Gruppe beantwortet die Frage mit Hilfe des Textes und fährt dann ihrerseits mit ihrer Frage fort, bis alle Frage gestellt und beantwortet worden sind.

Beispielfragen

When was Philomena born?; Why did she have to go to Roscrea?; What was life like in the home for unmarried women?; What happened to her son when he was three years old?; For how long did she not know what had happened to him?; Where did Anthony grow up?; How did she manage to find her son?; Why do you think she didn't tell her other children about Anthony?; Did she ever have a family?

M 2

- Verteilen Sie eine Kopiervorlage M 2 pro Teilnehmer. Erläutern Sie, dass es in dem Kreuzworträtsel darum geht, Wörter aus dem Text herauszufiltern.
- Die Teilnehmer können das Kreuzworträtsel jeder für sich oder auch in Zweiergruppen lösen. Vergleichen Sie die Lösungen, indem die Teilnehmer die Lösungen auf Zuruf nennen.

Lösung der Kopiervorlage

1 couples; 2 prison; 3 unpaid; 4 pregnant; 5 discover; 6 carnival; 7 laundry; 8 adopt; 9 heartbroken; 10 truth; 11 buried; 12 dark; 13 lawyer

Einsatzmöglichkeiten im
Unterricht:

- Kopieren Sie die Texte auf den Seiten 126–127 und schneiden Sie die einzelnen Geschichten aus. Belassen Sie die kurzen Geschichten *Give me the money und Cheap motel* zusammen auf einem Blatt.
- Schreiben Sie den Ausdruck *urban myths* an die Tafel. Sie können den Begriff *urban* erklären als *urban describes something from a town or a city, not from the countryside.* Fragen Sie die Teilnehmer *What do you think an urban myth is?* Lassen Sie die Teilnehmer gemeinsam spekulieren.
- Bilden Sie Zweier- oder Dreiergruppen. Erklären Sie, dass jede Gruppe einen *urban myth* erhalten wird. Lassen Sie jede Gruppe einen Zettel mit einer Geschichte ziehen. Wenn Sie mit einer kleinen Gruppe arbeiten, die in Gruppenarbeit nicht alle Geschichten abdecken würde, ist das nicht schlimm. Fordern Sie jede Gruppe auf, ihren Text zu lesen und sich zu den wichtigsten Inhalten Notizen zu machen, um später ihre Geschichte den anderen Gruppen zu erzählen. Dabei sollten sich die Teilnehmer bemühen, die in ihren Texten neuen Wörter durch einfachere Umschreibungen zu ersetzen. Gehen Sie herum und beantworten Sie Verständnisfragen.
- Fordern Sie die Gruppen anschließend auf, ihre jeweilige Geschichte der Klasse zu erzählen. Ermuntern Sie die Zuhörer, Nachfragen zu stellen und unterstützen Sie die Erzähler, sollte der Erzählfluss ins Stocken kommen. Helfen Sie bei der Aussprache.
- Die Teilnehmer können anschließend die Texte auf den Seiten 126–127 durchlesen. Alternativ können Sie die Texte vorlesen und die Teilnehmer lesen mit, damit die korrekte Aussprache sichergestellt wird.
- Fragen Sie abschließend *Which urban myth did you like best? Which do you think was the funniest? Do you know about any urban myths in your town or area?* Diskutieren Sie in der Gruppe.

Hinweis

- Die Suche nach *urban myths* aus der eigenen Gegend eignet sich sehr gut als Hausaufgabe. Es gibt sicherlich Teilnehmer, die Spaß daran haben, solche Legenden zu erforschen und den Teilnehmern das nächste Mal auf Englisch zu erzählen.

M 3

- Verteilen Sie eine Kopiervorlage M 3 pro Teilnehmer. Die Teilnehmer machen sich mit der Aufgabenstellung vertraut. Bilden Sie entweder Zweier- oder Dreiergruppen, oder, bei einer kleinen Lerngruppe, auch zwei Teams. Verteilen Sie an jede Gruppe ein Flipchart-Blatt.
- Geben Sie den Teilnehmern Zeit, einen *urban myth* zu schreiben. Gehen Sie herum und unterstützen Sie wo nötig.
- Bringen Sie abschließend alle *urban myths* für alle gut sichtbar an. Die Autoren lesen ihre Geschichten vor. Klären Sie Nachfragen. Gibt es Gemeinsamkeiten oder ähnliche Ideen? Mit welcher Geschichte würden die Teilnehmer das Parfüm kaufen? Prämieren Sie die beste Geschichte.

nach Aufgabe 07

Text A

My name is _____ (1) and I work at the Hotel Petit Palais in Paris. I am from _____ (2) originally. When I started my job in 2013 my French was not so good, but I speak English and _____ (3), too. I work in the restaurant and at the bar, but at the moment I'm working at the _____ (4). So, I have to greet all the new hotel guests in French and in English of course. I think most young people like me have to be bi- or even trilingual to find a good job. Even my _____ (5) started a French course six months ago to prepare for her visit here. My whole family will come and visit me after Christmas!

I'm planning to stay in Paris for _____ (6), and after that… who knows… maybe I will go to the USA!

Example: (1) What's your name?

✁- -

Text B

My name is Despina and I work at the _____ (1) in Paris. I am from Greece originally. When I started my job in _____ (2) my French was no so good, but I speak English and Greek, too. I work in the restaurant and at the bar, but at the moment I'm working at the reception. So, I have to greet all the new hotel guests in French and in English of course. I think most young people like me have to be bi- or even trilingual to _____ (3). Even my grandmother started a French course _____ (4) ago to prepare for her visit here. My whole family will come and visit me after _____ (5)!

I'm planning to stay in Paris for two years, and after that… who knows… maybe I will go to _____ (6)!

Example: (1) Where do you work?

nach Aufgabe 09

1   Many people in __ __ __ __ __ __ __☐__ __ __ are trilingual; they speak German, Italian and French.

2   About 12 % of the people of Europe speak __ __☐__ __ __. Many people think it's the most elegant language.

3   In Cuba most people speak __ __☐__ __ __ __.

4   The __ __☐__ __ __ alphabet has 26 letters.

5   __ __ __☐__ __ __ has about 87000 signs, but for everyday life you only need to learn 3000–5000.

6   Which language do people speak in these cities: Jerusalem and Dubai? __ __ __ __☐__

7   In __ __ __ __☐__ __ __ people write from top to bottom.

8   The only world language up to now is __ __☐__ __ __ __.

Mystery word:

_____

nach Aufgabe 02

Match the pictures with the ingredients.

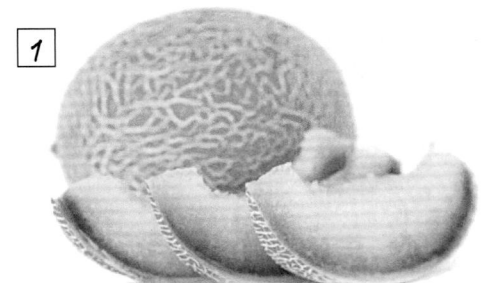

Healthy Green Smoothie

Ready in 10 minutes
Serves 4

1. 3 cups honeydew melon
   3 cups ice cubes (optional)
2. 1 cup green grapes
3. 1 cucumber, peeled and chopped
4. ½ cup broccoli florets
   1 sprig fresh mint

Cut up all the ingredients. Put them in a blender and mix until smooth.

Did you know? American recipes usually measure in cups instead of grams.

peeled and chopped = geschält und in Stücke geschnitten   *floret* = Röschen   *sprig* = Zweig
measure in = messen in

nach Aufgabe 08

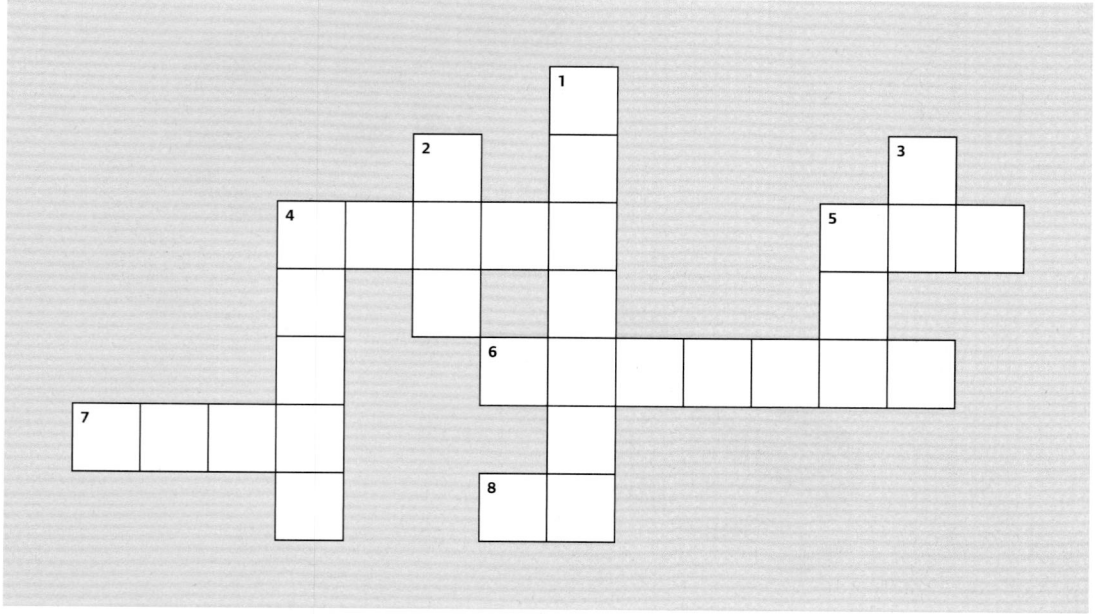

Across

4   Have you ever thought ... working abroad?
5   How about going ... a walk this afternoon?
6   I'm looking ... to having a picnic this weekend.
7   I feel ... doing some gardening this afternoon. Would you like to join me?
8   Can you believe that: my son's really good ... cooking! I'm not!

Down

1   Is it possible to travel to London ... taking the plane?
2   Thanks a lot ... driving me to the station. That's very kind of you.
3   I'm very much looking forward ... my trip to the USA.
4   I was really exhausted ... playing football with my niece yesterday.
5   My boss has apologized ... his bad mood.

nach Aufgabe 07

What do these signs mean? Write down sentences with (don't) have to, must(n't) und should(n't).

- -

- -

- -

What other signs do you know that tell people what to do and what not?
Are there any signs near where you have your English lessons or in the house you live in?

tie = Krawatte   helmet = Helm

nach Aufgabe 08

(name) always …	**(name) sometimes …**	**(name) often …**
(name) usually …	**(name) sometimes doesn't…**	**(name) usually doesn't …**
(name) always …	**(name) sometimes …**	**(name) often …**
(name) usually …	**(name) sometimes doesn't…**	**(name) usually doesn't …**
(name) always …	**(name) sometimes …**	**(name) often …**
(name) usually …	**(name) sometimes doesn't…**	**(name) usually doesn't …**
(name) regularly …	**(name) regularly …**	**(name) regularly …**
(name) never …	**(name) never …**	**(name) never …**

nach Aufgabe 06

Make sentences

You're planning a special event for your English course. What suggestions can you make? Build sentences using verbs from the left and the right box.

offer	**-ing**	cook
enjoy		work
want	**to**	travel
try		stay
suggest		write
plan		go for a walk
decide		have dinner
		eat
		go shopping
		take a holiday
		visit

Why don't we …?
Let's …
What do you think?
I'd like to …
How about you?
Why not …?
It would be nice to …

I can offer to cook an American dinner at my house.

nach Aufgabe 07

lottery	afternoon	umbrella	ambulance
park	astronaut	police officer	office
English lesson	super hero	supermarket	bus stop
restaurant	dishwasher	prisoner	lift
gym	waiter	my neighbour	garden
visitors	Japan	Australia	pizza

nach Aufgabe 10

nach Aufgabe 10

nach Aufgabe 08

HELPLESS	**thoughtless**
thoughtful	**dirty**
clean	**upstairs**
downstairs	**quiet**
noisy	**fair**
unfair	**divorced**
married	**bored**
interested	**slim**
fat	**good**
bad	**awful**
great	**empty**
full	**GLAD**

nach Aufgabe 10

Part 1

Read these tips from an American website on what to do when somebody new has moved into your neighbourhood.
What do you think about these tips?
Which would you follow yourself and which do you disagree with? Discuss in class.

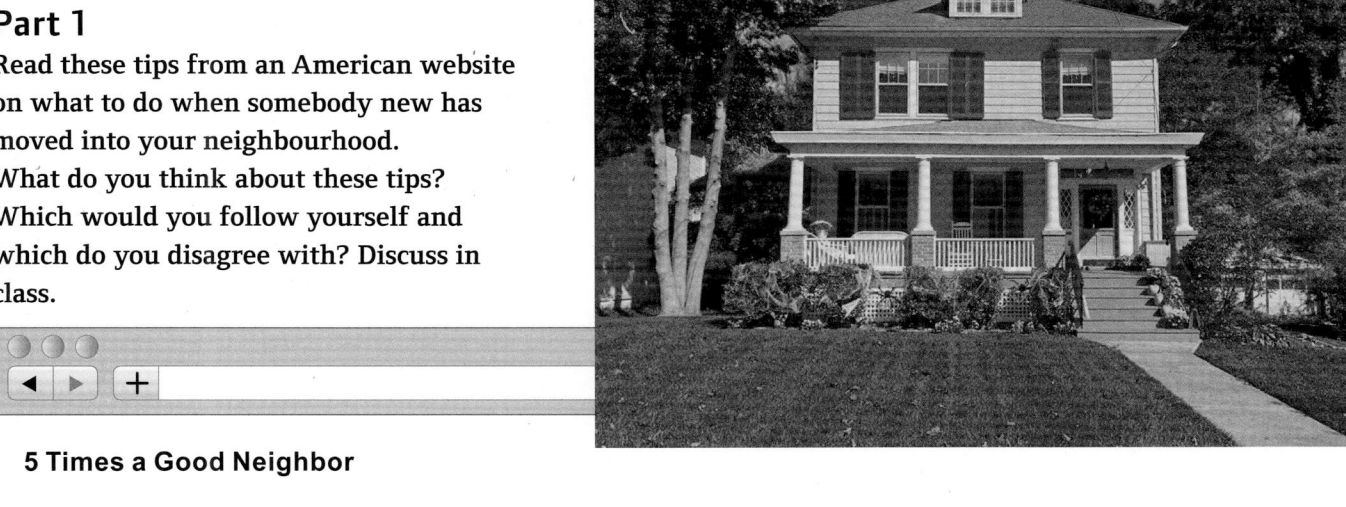

5 Times a Good Neighbor

1 **Find out who will move in**. Is it a single, a family with children, or an older couple? This information is important to know so you can welcome them and have an idea of what they need before or after their arrival. Find out by asking friends, other neighbors, or the real estate agent selling the home. It's fine to be curious, but avoid being nosy.

2 **Think about making or preparing some nice food for your new neighbors.** Make some cookies or a hot meal for them to eat on the spot. Remember how difficult it is to cook when you haven't moved your kitchen yet.

3 **Tell your children to prepare a present.** Ask your children to prepare a present. It's usually easy to make contact with children.

4 **Meet your new neighbors.** A day or two after the new neighbors have moved in walk over to their house with your family, and introduce yourselves. Tell them you're there to welcome them to the neighborhood and offer help or answer any questions.

5 **Smile.** Always take the time to say hello and smile every time you see your new neighbors. Always remember: your new neighbors may become your new friends.

curious = neugierig   *real estate agent* = Immobilienmakler   *on the spot* = vor Ort

Part 2

Write a "Welcome to the Neighborhood Guide" for somebody from abroad who is moving into a German neighborhood. Write down maximum 5 tips.

nach Aufgabe 06

_____
_____
_____
_____
_____
_____

_____
_____
_____
_____
_____

_____
_____
_____
_____
_____
_____

nach Aufgabe 08

Which colours would you fill in?

white – golden – green – black – blue – red – red

1   My neighbour has just booked a journey around the world. I'm _____ with envy!

2   My uncle is the _____ sheep in the family. He only calls when he needs money.

3   My colleague turned _____ as a ghost when she heard about the accident.

4   I saw _____ when my boss asked me to work on Sunday again!

5   I talked myself _____ in the face, but my teenage son didn't listen to me.

6   When the police came the robbers were still in the bank. They caught them _____-handed.

7   When I read about this language trip to Vancouver I thought: this is a _____ opportunity.

Discuss the following questions in class:

1   Which colours do you usually wear? Which colours would you never wear?
2   What do the following colours mean in your country: white, red, black, green, blue?
3   Do you know anything about the meaning of colours in other countries?

envy = Neid

nach Aufgabe 05

Yes, I have.	No, I haven't.	Yes, it is.	No, it isn't.
Yes, I would.	Yes, I can.	No, I can't.	Yes, she does.
No, he doesn't.	Yes, I did.	No, I didn't	Yes, I will.
Yes, there is.	No, there aren't.	Yes, I am.	Yes, I do.

✂ -

Yes, I have.	No, I haven't.	Yes, it is.	No, it isn't.
Yes, I would.	Yes, I can.	No, I can't.	Yes, she does.
No, he doesn't.	Yes, I did.	No, I didn't	Yes, I will.
Yes, there is.	No, there aren't.	Yes, I am.	Yes, I do.

nach Aufgabe 03

Student's template
Write from top to bottom.

Teacher's master copy 1

1066	1999	Albert II	158 million
2014	James II	2002	103
Henry VIII	18	1953	1935
1900s	67 million	Grace I	1800s

Teacher's master copy 2

1066	1666	Elizabeth I	82 million
22 million	James II	2002	2013
Henry V	18	1970	1907
1800s	76 million	Grace I	1800s

nach Aufgabe 07

Write the correct present or past passive form
of the verb in brackets and guess whether the
statements are true or false.

1 10 million bottles of Coca Cola
_____ (drink) every day.
True ☐   False ☐

2 The New York Times _____
(read) every day by 5 million people.
True ☐   False ☐

3 The world's oldest public zoo _____ (open) in London in 1828.
True ☐   False ☐

4 3,000 million flowers _____ (grow) each year in Hawaii.
True ☐   False ☐

5 200 years ago more sugar _____ (eat) in Europe and the USA than now.
True ☐   False ☐

6 The Tower of London _____ (make from) stones imported from France.
True ☐   False ☐

7 Flowers are the most common things which _____ (steal) from hotels.
True ☐   False ☐

8 In the world, 11,000 babies _____ (born) every hour.
True ☐   False ☐

9 The country in the world which _____ (visit) by the highest number of tourists is Italy.
True ☐   False ☐

10 85 % of Greenland (Grönland) _____ (cover) by ice.
True ☐   False ☐

11 Neu Schwanstein _____ (build) for one
person only.
True ☐   False ☐

12 In Iceland houses _____ (heat) by geysers.
True ☐   False ☐

nach Aufgabe 08

Complete the if-clauses.

1 If I _____ (find) a dinosaur's egg, _____.

2 If I _____ (leave) my glasses at home, _____.

3 If I _____ (see) a bank robber, _____.

4 If I _____ (meet) somebody famous, _____.

5 If I _____ (forget) my best friend's birthday, _____.

6 If I _____ (have) a lot of money, _____.

7 If I _____ (lose) my friend's favourite book, _____.

8 If I _____ (become) President, _____.

9 If I _____ (invite) you all for a party, _____.

10 If we all _____ (win) a journey to the United States, _____.

Now choose three sentences and speculate about three people in your class.

E. g. for sentence 3:
If Hans saw a bank robber, he would call the police.

A _____

_____

_____

B _____

_____

_____

C _____

_____

_____

nach Aufgabe 12

I am in the ☐ holiday group

☐ city break group

☐ special interest break group

Where would we like to travel and why?

_____

_____

Which time of the year shall we travel?

_____

_____

How long will we stay?

_____

_____

How would we get there? Plane? Train? Coach?

_____

_____

What would we like to do?

_____

_____

Where would we stay? Hotel? Flat? Lodge?

_____

_____

Special wishes:

_____

_____

nach Aufgabe 06

On Friday at 10am ...

Yesterday at 9pm ...

When I was
five years old ...

Before I moved
to this town ...

When I got here today ...

By the time I started
to learn English ...

Before I had breakfast
this morning...

On Monday at 8am ...

Two weeks ago ...

On Sunday at 12 am ...

nach Aufgabe 10

**Find the right beginning
with *un-*, *in-*, *ir-* and *dis-*.
What's the mystery word?**

agree
friendly   happy   believable
like   advantage   healthy
possible   interesting
lucky

Clues

1. I met my new neighbour yesterday: he didn't say hello and he didn't smile back at me. He was really ... .
2. Before Ben went on holiday, it had started to snow, so he missed his plane. What an ... coincidence.
3. My husband thinks we should not go on holiday this year. But I think that's a bad idea. I completely ... .
4. Susan met a really nice man during speed-dating and then she lost his telephone number! She was so sad and ... .
5. I don't know which car to buy. This one is rather inexpensive, but it has no air-conditioning. That's a real ... .
6. Many people don't like smoking anymore. It's really ... .
7. You cannot travel from Hamburg to Munich in 1 hour. That's totally ... .
8. Most people like the Eiffel Tower and the museums of Paris, but I ... all the tourists!
9. Your brother has found € 1 million in a taxi?! Wow, that's ... .
10. I've read one of the Harry Potter books, but I didn't like it. I found it ... and boring.

Can you find and complete the mystery word?

__ __ __ __ __ __ __ __ __ story

nach Aufgabe 10

Write about these newspaper headlines. Use the passive.

1 Murder of millionaire in Rügen

2 Retired shop-assistant lost 10-million euro ticket on train

3 Germany didn't win the handball world championship

4 New cinema didn't hand out free drinks during first film

5 Angry neighbour cut down all trees

6 Tourists saw the famous "Midnight Lady" ghost in the park!

7 Disappointed guest attacks waiter!

8 700 visitors at art gallery opening for children last Saturday

9 Dog saves child!

10 Taxi driver didn't drive car into shop window!

Example

1 *A millionaire was murdered in Rügen.* _____

2 _____

3 _____

4 _____

5 _____

6 _____

7 _____

8 _____

9 _____

10 _____

Write five sentences into the diary of Tori.

I have just one day to go to Guadeloupe! What a journey! I'm so …
Yesterday I …
Can you imagine …
Fortunately, I …
I'm really looking forward to …

Clues

1 Another word for married people.
2 If you murder somebody you have to go to ...
3 Work that you get no money for is ...
4 A woman who is expecting a baby is ...
5 Another word for finding something out.
6 In Cologne in February many people in Germany celebrate ...
7 A shop that washes your clothes.
8 To make someone else's child a member of your own family.
9 To be very very sad about something.
10 The opposite of a lie.
11 After their death most people get ...
12 The opposite of light.
13 A person who may help you when you are in trouble.

Sell the perfume

You have created a fantastic perfume called *Urban Myth*.

Ask yourselves these questions:

- What does it smell like?
- What colour is it?
- Who would buy this perfume?

Then write a short urban myth to sell your perfume.
Write no more than about 80 words.
Here are some beginnings to help you get started:

Some people say that when new guests enter the luxurious Grand Palace Hotel at 6 p.m. they

notice a wonderful smell in the entrance area. The smell reminds them of ...